Alice Taylor

So wird es nie mehr sein

Alice Taylor

So wird es nie mehr sein

Eine irische Jugend

Aus dem Englischen
von Cordula Kolarik

Lamuv

Originaltitel: Quench the lamp

Bitte fordern Sie unser kostenloses Gesamtverzeichnis an:
Lamuv Verlag, Postfach 26 05, D-37016 Göttingen

1. Auflage 1995

Zuerst erschienen 1990 bei Brandon Book Publishers Ltd.
Dingle, Co. Kerry, Irland

Umschlaggestaltung: Gerhard Steidl
unter Verwendung eines Fotos von Guido Mangold
Gesamtherstellung: Steidl, Göttingen
Printed in Germany
ISBN 3-88977-419-9

Inhalt

Kinder im Wandel der Zeit

Dies ist die Geschichte des Lebens auf dem Lande, das sich um den Herd, die Familie, die Haustiere und die Nachbarn drehte. Die Menschen, unter denen wir lebten, leisteten uns Gesellschaft draußen auf dem Feld und drinnen am Kamin, und die Arbeiten in Haus und Hof gaben unseren Tagen eine feste Ordnung. Doch als wir die Kindheit hinter uns ließen und vorsichtig auf Zehenspitzen das Erwachsenenleben betraten, veränderte sich diese Ordnung; das ländliche Leben steuerte auf eine leuchtende neue Welt zu, und wir wurden die letzten Kinder der alten Zeit.

So ist dies auch die Geschichte eines Wandels, einer Zeit, als das ländliche Irland die Öllampe löschte, den Nachttopf unter dem Bett wegstellte und die schwarzen Töpfe und den eisernen Kessel unter die Hecke warf. Wir, die Kinder der vierziger Jahre, erlebten in den Fünfzigern die schwierige, aufregende Zeit des Heranwachsens.

Die Elektrifizierung der ländlichen Bereiche erfüllte unsere Häuser mit Licht, fegte alte Geister und alten Glauben weg und scheuchte die Feen unter die Erde. Moderne Installationen ersetzten den Eimer Wasser vom Brunnen und die hölzerne Regentonne an der Giebelwand.

Ecken und Winkel, die bisher in Staub und Stille gehüllt waren, wurden urplötzlich klinisch sauber geschrubbt, da heißes Wasser und Desinfektionsmittel reichlich vorhanden waren. Die Toilette mit Wasserspülung ersetzte den Nachttopf und löste so ein elementares Problem im Nu. Man saß nicht mehr an der weiten, warmen, offenen Feuerstelle, sondern vor den kleinen Öffnungen moderner Öfen und glänzender, emailleverkleideter Herde.

Draußen auf dem Hof wich das Klipp-Klapp der Pferdehufe dem Dröhnen von Motoren; Kühe, die den sanften Schein der Sturmlaterne gewöhnt waren, wenn wir zum abendlichen Rundgang durch den Stall gingen, blinzelten nun in das grelle Licht der elektrischen Lampe.

Die ältere Generation stand zögernd an der Schwelle zu dieser leuchtenden neuen Welt, aber wir Jüngeren öffneten die Arme weit und schwammen glücklich mit dem Strom. Wir wurden die jungen Eltern der sechziger und siebziger Jahre und setzten Kinder in eine Welt, die völlig anders war als die unserer eigenen Kindheit. Der allgemeine Wohlstand blühte, und unsere Kinder wuchsen fern von der Öllampe und dem klagenden Ruf des Wachtelkönigs auf.

Folge mir in die Zeit, als wir uns von den alten Bräuchen auf die neuen umstellten und eine Welt hinter uns ließen, die heute fast vergessen ist.

Einkäufe im Städtchen

Ich blieb immer ein paar Augenblicke vor Neds Tür stehen, um die Luft genußvoll einzuatmen, wenn wir auf dem Weg zur Messe die gewundene Straße hinauf an seinem kleinen Laden vorbeigingen. Der Duft des Tees, den er lose in einer Sperrholzkiste aufbewahrte, ein Käserad in einem Musselintuch, aufeinandergestapelte Kerzen in einer Holzkiste: alles mischte sich mit dem durchdringenden Geruch von Tabak, der sich in einer hohen Blechdose unter dem Ladentisch befand. Ned schnitt selbst Stücke von einem großen Tabakblock ab und erfüllte so den kleinen Laden mit einem satten Aroma, das sich unter die anderen Düfte mengte, so daß die einzigartige Mischung von Neds Laden entstand.

Ned war ein kleiner Mann und trug einen braunen Kittel, und weil er nur selten hinter seiner hohen, hölzernen Ladentheke hervorkam, bestand er für uns nur aus Kopf und Schultern. Sein Haar war schon weit von seiner Stirn gewichen, hatte sich dann aber entschieden, eine bestimmte Linie nicht zu überschreiten. Sein Haaransatz war braun mit grauen Strähnen und paßte gut zu seinem braunen Kittel, der graue Streifen hatte, weil Ned ständig Mehl abwog. Er sah aus seinen gütigen braunen Augen hinter seiner Brille mit Stahlfassung freundlich in die Welt.

Obwohl er oft bis spät in die Nacht arbeitete, schien er stets gutgelaunt zu sein, und wenn er keine Kunden bediente, war er damit beschäftigt, seine Vorräte abzuwiegen und in stabile, braune Papiertüren zu füllen. Die Waren wurden in großen Jutesäcken und schweren Holzkisten geliefert und mußten in Einheiten, die zum Verkauf an seine Kunden geeignet waren, aufgeteilt werden. Tee, Zucker und Mehl wurden mit verschieden großen Schöpfkellen in die festen, braunen Tüten gefüllt. Diese wurden dann sachte auf dem Ladentisch aufgestoßen, damit der Inhalt sich setzte, bevor sie zur endgültigen Prüfung des genauen Gewichts noch einmal auf die alte Eisenwaage gestellt wurden. Die Gewichte reichten von kleinen runden Messingunzen bis zu schweren, rechteckigen, eisernen Pfundgewichten mit Griffen. Ned hatte auch eine weiße Emaillewaage, die aber nur zum Wiegen von leichteren Dingen diente, bei denen größere Präzision vonnöten war, wie Käse, Tabak und Süßigkeiten. Der lange Zeiger schwankte hin und her wie ein verrücktgewordener Uhrzeiger, bis er schließlich stehenblieb und das genaue Gewicht anzeigte.

Auf dem Boden hinter der Ladentheke standen Säcke unterschiedlicher Höhe im Kreis um Ned herum. Er begann gewöhnlich montags morgens mit dem Abwiegen von Mehl, und je weiter der Tag fortschritt, um so mehr füllte sich das Regal hinter ihm mit verschieden großen Papiertüten, während der weiße Mehlsack aus Baumwolle immer kleiner wurde. Der Jutesack voll Zucker kam danach dran, und Ned wog und wog, bediente zwischendurch geduldig die Kunden, die kamen und gingen, und plauderte mit ihnen, und danach begann er mit dem Tee. An seinem Äußeren war stets abzulesen, was er gerade gewogen hatte, weil die Beweisstücke seinen Kittel zierten.

Ganz oben auf den Regalen über ihm standen Fahrradleuchten und Flickzeug, Herzjesulichter, Wecker und alle möglichen anderen Dinge. Darunter waren Dosen mit Keksen, die abgewogen werden mußten, wenn die Kunden welche auswählten. Einige Behälter hatten Glasdeckel, so daß man hineinsehen konnte, ohne daß Ned sie öffnen mußte. Unter den Keksen standen Blechdosen und hohe Gläser voll mit bunten Süßigkeiten, die eine unwiderstehliche Versuchung waren. Es gab schwarzweiße »Ochsenaugen«, die so hart waren, daß sie die schönsten Zähne zerstören konnten, und »braune Kissen« mit ihrem seltsamen Minzgeschmack; aber das bunteste Glas von allen war das mit den leuchtend roten, gelben und himbeerfarbenen »Konversationspastillen«. Sie waren genau das, was ihr Name andeutete, aber die Konversation konnte nur unter guten Bekannten geführt werden, da die Aufschriften auf ihnen eine eindeutig vertraute Note hatten. »Küß mich« oder »Hab mich lieb« oder »Drück mich« waren keine Einladungen an Krethi und Plethi. Wie als Gegenmittel zu diesen Liebesbonbons gab es die sauren Drops, die einem mit ihrem intensiven Geschmack den Mund zusammenzogen. Die Süßigkeiten in den großen Blechdosen waren die armseligen Verwandten der kostbarere Bonbons in den Gläsern. Der Gipfel des

Luxus jedoch waren die eingewickelten Süßigkeiten. Nur selten drangen wir in diese berauschenden Höhen vor, aber die einfach eingewickelten Toffees, von denen man sechs für einen Penny bekam, konnten wir uns eher leisten. Wollte man einen langen Lutschgenuß, so waren die harten Toffeescheiben die preiswertesten. Sie hießen »Captain Mac« oder »Half-Time Jimmy«, und da eine ganze Scheibe gewöhnlich unsere Mittel überstieg, brach Ned an der Kante des Ladentischs ein Stück in der gewünschten Größe ab.

Alles, was Ned in die Hand nehmen mußte, war auf seiner Seite des Ladentischs, während sich auf der anderen Seite alles befand, was nicht gewogen oder eingepackt zu werden brauchte. Aufeinandergestapelte Emaille- und Blecheimer bewachten auf beiden Seiten einen Stapel aus Emailletöpfen und -pfannen. Spaten, Schaufeln, zwei- und vierzackige Mistgabeln und Spitzhacken standen Schulter an Schulter, und Melkschemel konnten von wartenden Kunden und von jedem, der auf ein Schwätzchen vorbeikam, auf ihre Standfestigkeit und Bequemlichkeit geprüft werden. An der Decke hing ein Sammelsurium von Gegenständen, darunter Wasserkessel und Teekannen, Bindfadenknäuel, schwere genagelte Stiefel und ab und zu ein Schweinekopf. Diesen mußte man im Auge behalten, denn wenn man darunter stand, konnte es passieren, daß einem ein Tropfen salzige Lake auf den Kopf fiel. Wenn man nach oben sah, starrte das Schweineauge verächtlich auf einen herunter. Freitags hing anstelle des

Schweinekopfs gesalzener Schellfisch wie vergessene Unterwäsche von der Decke.

Schaufenstergestaltung war nicht gerade Neds Stärke: Im Fenster standen vergilbte Reklametafeln, auf denen rotwangige Damen Tee kosteten, und trübe Spiegel mit eingravierten glücklichen, dickbäuchigen, bärtigen Männern, die den himmlischen St.-Bruno-Tabak anpriesen. Neds Katze benutzte diese Spiegel, um ihre gelbbraune Schönheit zu bewundern und noch zu steigern. Das Fenster war das Reich der Katze, und von dort beobachtete sie das vorüberziehende Leben mit dem geringschätzigen Blick, den nur eine wohlerzogene Katze haben kann: Sie zwinkerte nicht, und ihr fester Blick wurde nur ab und zu vom Zucken eines aristokratischen kätzischen Schnurrbarthaars belebt. Eine hölzerne Schwingtür, die nicht mehr auf und zu schwang, sondern sich nur mit Mühe schieben ließ, ermöglichte ihr diesen Blick auf die Welt draußen.

Neds heiße Liebe galt Pferden und Greyhounds, und seine »Mutterhündin«, wie er seine älteste Windhündin nannte, lag meistens ausgestreckt auf dem Boden des Ladens zwischen den Eimern und Schaufeln. Sie kannte alle Kunden von Ned, und wenn ein Fremder kam, was selten genug geschah, richtete sie sich langsam auf und schnüffelte an ihm herum, sehr zum Erstaunen des Kunden, denn in diesem entlegenen Winkel rechnete man nicht damit, einen Spürhund anzutreffen. Aber die Hündin war genau wie Ned nicht bösartig, sondern nur neugierig.

Die Abende widmete Ned seiner Buchhaltung, die darin bestand, die Beträge in den zahlreichen kleinen Notizbüchern zusammenzurechnen. Jeder Kunde hatte ein solches Büchlein, in dem er seine Einkaufswünsche auflistete und das er dann zusammen mit seiner Tasche Ned gab. Viele Bauern kamen auf dem Rückweg von der Molkerei mit ihrer Bestellung vorbei, aber eigentlich brauchte sie keiner aufzuschreiben, weil Ned besser wußte, was jeder benötigte. Er füllte jede Tasche und schrieb die Preise in das entsprechende Notizbuch, und einmal in der Woche oder zweimal im Monat, je nach Vereinbarung, addierte er die Beträge und bekam sein Geld.

Wenn er mit seiner Buchhaltung fertig war, verschränkte er die Arme auf der Ladentheke und wurde zum idealen Diskussionsleiter, der hitzige Debatten geschickt in ruhigere Bahnen lenkte und oft den Verkauf von Greyhoundwelpen und vielversprechenden Jährlingen überwachte. Der Laden war nicht nur ein Ort des Handels, sondern auch ein exklusiver Männerclub, in dem männliche Ansichten kundgetan wurden und bei dem die Mitgliedschaft davon abhing, was ein Mann von Pferden und Hunden verstand. Zwar wurde niemandem der Eintritt verwehrt, aber weil das Pferdewetten und die Leistungsfähigkeit der Jungpferde die Hauptgesprächsthemen waren, konnte man an Diskussionen, die bis spät in die Nacht dauerten, nur teilnehmen, wenn man von diesen Dingen etwas verstand. Die Männer saßen dabei auf Melkschemeln, umgedrehten

Eimern, Teekisten und manchmal sogar auf einem umgedrehten Nachttopf, und während das Gespräch dahinfloß, stieg der Rauch der Pfeifen und Zigaretten nach oben, umhüllte Bindfadenknäuel und Schweinekopf, die aussahen, als seien sie gut geräuchert und gewürzt. Man sprach über schnelle Windhunde wie »Spanish Battleship« und »Prince of Bermuda«, analysierte ihre Vorzüge genau und debattierte lang und breit, welche Aussichten die beiden Pferde aus der Umgebung, »Sheila's Cottage« und »Cottage Rake«, bei den großen Rennen hätten.

Ned machte seinen Laden nur dann abends früher zu, wenn ein Rennen stattfand, aber das störte seine Stammkunden nicht, weil auch sie alle zum Greyhoundrennen gingen. Während der Pferderennen in Listowel und Galway machte er seinen Laden den ganzen Tag dicht und manchmal auch bei anderen Rennen, wenn ein besonders interessantes Pferd mitlief. Da sich niemand sonst in Neds Laden auskannte, war das die einfachste Lösung. Jeder wußte, was es bedeutete, wenn Neds Tür geschlossen war: Er war beim Rennen.

Leicht verderbliche Waren verkaufte Ned am Abend vorher seinen Freunden, und nicht selten sah man jemand mit einem Schweinekopf unter dem Arm vom Laden nach Hause gehen.

Meine Mutter brachte jeden Sonntag nach der Messe die Einkäufe aus dem Städtchen mit, aber manchmal wurde in der Woche eine von uns geschickt, um noch etwas zu holen. Wir gingen furchtbar gern in die Stadt, und so drängten wir uns alle darum, zum Einkaufen geschickt zu werden.

Wenn ich den Weg entlangging, genoß ich es, durch die eisernen Gatter auf dem Weg zu blicken und die Tiere auf den verschiedenen Weiden zu beobachten oder auf den Erdwall zu klettern, der den Weg säumte, und auf das Tal hinabzusehen. Wenn ich im Städtchen ankam, ging ich direkt zu Neds Laden, wo ich immer eine Handvoll Süßigkeiten bekam; er machte an mir keinen Gewinn, und ich hatte alles aufgegessen, noch bevor ich den Laden verließ. Kinder und Männer waren Neds beste Kunden, weil einige weniger verständnisvolle Frauen der Ansicht waren, daß seine Katze aus hygienischen Gründen von ihrem Aussichtsplatz im Fenster vertrieben werden sollte.

Gegenüber von Neds Laden wohnten zwei alte Damen, die beiden Miss Bowler, die ein großes Geschäft mit einem Steinfußboden hatten, der täglich geschrubbt wurde. Es war das Gegenteil von Neds Laden: Bei Ned gaben die von Augen und Rissen durchzogenen Holzdielen nach und quietschten, wenn man darüber ging. Während sein kleiner Laden über und über vollgestopft war, spielte sich in dem großen Geschäft der Miss Bowler alles in einer einzigen Ecke ab, wo sie hausgemachte Toffeewürfel anboten, braune Limonade verkauften und Eiscremestücke schnitten und zwischen zwei Waffeln legten. Ein Eis für einen Penny reizte lediglich die Geschmacksnerven, eines für zwei Penny war schon besser, und eins für vier grenzte an Luxus, während ein Eis für sechs Penny die reinste, wundervollste Völlerei war. Man konnte auch mit Marmelade und Sahne gefüllte Windbeutel kaufen; wenn man hineinbiß, floß einem die Sahne aus den Mundwinkeln und an den Fingern herunter, und man mußte wie Neds Katze mit der Zunge schnell alles abschlekken, damit einem kein köstlicher Klecks entging.

Eine der beiden Schwestern glich den Windbeuteln, die sie verkaufte: Sie hatte ein weiches, faltiges Doppelkinn, unterhalb dessen Reihen weißer Perlen wie ein Wasserfall in ihr üppiges Dekolleté hinabstürzten. Ihr Haar war schneeweiß, und obwohl es hinten hochgesteckt war, kräuselte es sich doch über ihrer Stirn und um ihre Ohren, an denen lange Perlohrhänger schaukelten, während ihr großer, weicher Busen in einer weißen Seidenbluse auf der Ladentheke ruhte. Sie erinnerte mich immer an ein Daunenkissen: weich, weiß und gemütlich. Die andere Schwester verblaßte neben ihr. Sie war groß, dünn und mager – wie die hohen Limonadeflaschen, deren Kronkorken sie mit dem eisernen Flaschenöffner abriß.

Wenn es Ned an Ordnungssinn fehlte, so war er bei den Miss Bowler im Übermaß vorhanden: Ihr Geschäft und sie selbst waren makellos. Die Hände der kleinen, gemütlichen Miss Bowler waren weiß und weich, mit blaßrosa Fingernägeln, die in leicht abgerundeten Spitzen ausliefen, und sie duftete immer wie ein Rosengarten, denn Wolken aus leichtem, blumigem Parfüm wehten aus weichen Falten. Die hochgewachsene Schwester machte einen klinisch sauberen Eindruck: Sie trug einen weißen Spitzenkragen und Manschetten über ihrem langen schwarzen Kleid; ihr mit grauen Strähnen durchzogenes kastanienbraunes Haar war zu einem festen Knoten auf ihrem Hinterkopf zusammengebunden und mit martialisch wirkenden Haarnadeln festgesteckt.

Die Miss Bowler boten uns nicht nur Eiscreme, Gebäck und Limonade an, sondern brachten uns auch auf ganz sanfte Weise gutes Benehmen bei. Sie hatten einen derart besänftigenden Einfluß, daß man, sobald man den Laden betreten hatte, einen damenhaften Gang annahm und mit einem Gefühl von Weltgewandtheit auf den Ladentisch zuging. Dort äußerte man seine Wünsche mit einer klaren und deutlichen Stimme und vergaß niemals, »bitte« und »danke« zu sagen. Die Miss Bowler handelten nur mit Luxusgütern und verliehen dem Geschäft eine solche Aura des Besonderen, daß man den Eindruck hatte, sie lebten in einer anderen Welt und man selbst sei nicht ein Kind mit ein paar Pence in der Hand, sondern ihr willkommener Gast.

Bei den Miss Bowler um die Ecke war Con, der Bäkker, der jeden Tag hohe, krustige Brotlaibe in Reihen auf seinen niedrigen hölzernen Ladentisch legte, während der Duft aus der kleinen Backstube hinter dem Laden auf die Straße hinausströmte und anzeigte, daß gerade ein frischer Schub Brot aus dem Ofen gekommen war. Dicke Rosinenbrötchen mit klebrigem, weißem Zuckerguß, der an den Seiten hinablief, hingen unten aneinander, und wenn man eins wollte, brach Con vorsichtig eins ab, aber wenn man das Glück hatte, mehr als eins kaufen zu können, bekam man eine ganze Reihe, und die Rosinen ragten aus dem Zuckerguß hervor wie Steine auf einem schneebedeckten Hügel. Con backte riesige Früchtebrote und Kümmelkuchen, die man nur kaufte, wenn man Besuch erwartete oder eine Hausmesse vorbereitete oder wenn Weihnachten vor der Tür stand. Doch seine heißen, goldenen Krapfen, die von warmem, klebrigem Zuckerguß trieften, auf der Zunge zergingen und wie Butter in einer warmen Schüssel den Hals hinunterglitten, waren das Beste von allem. Dienstag und Donnerstag waren Krapfentage, und der Duft überlagerte alle anderen Gerüche und hüllte uns in wunderbare Wolken der Vorfreude, bevor wir überhaupt mit unseren sehnsüchtigen Mündern in die dampfende Süße eintauchten.

All unsere Kleider beziehungsweise der Stoff, aus dem sie gemacht wurden, kauften wir in ein und demselben Laden. Hier konnte meine Mutter Gummiband für unsere Unterhosen kaufen oder Stoff, aus dem ein Mantel für meinen Vater genäht werden sollte. Ja, mit dem, was sie hier kaufte, konnten Körper jeder Form und Größe gekleidet werden, drüber und drunter und von Kopf bis Fuß. Lange Stoffrollen lagen auf den hohen Regalen, und wenn Jack eine rumpelnd aufrollte, fiel der Stoff in bauschigen Falten auf den langen, hölzernen Ladentisch. Jack hielt dann mit einer

Hand den Stoff hoch, schüttelte ihn, wie ein Hund ein Kaninchen schüttelt, und sagte: »Wenn das kein erstklassiger Stoff ist!«

Er hatte wie meine Mutter die faszinierende Angewohnheit, ein Stück Stoff zwischen Daumen und Zeigefinger beider Hände zu halten und dann ein paarmal schnell und kräftig daran zu ziehen, so daß der Stoff, wenn er schwer war, einen dumpfen, und wenn er leichter war, einen härteren, helleren Laut von sich gab. Das galt als Test für den Schrägstreifen. Immer gab es heftige Diskussionen über die Beurteilung der Qualität des Gewebes und das Prüfen des Schrägstreifens. Stoff zu kaufen war nichts, was man auf die leichte Schulter nahm, und oft ließ man sich mit der Entscheidung ein paar Sonntage Zeit, bis sich alle einig waren, daß ein bestimmter Stoff der richtige sei, um Vater die nächsten zehn Winter lang zu dienen oder um ein Sonntagsmantel für eine Tochter zu werden, der in den folgenden Jahren an mehrere jüngere Töchter vererbt werden könnte.

Das Kaufen des Stoffes war nur der erste Schritt. Der nächste führte zum Herren- oder Damenschneider, und auf ihn folgten später unausweichlich weitere Besuche zum Anpassen. Und weil die vollständige Anfertigung der Kleidung so ein langwieriger Vorgang war, war es von größter Bedeutung, sicherzugehen, daß der erste Schritt der richtige war. Solche Käufe konnten also nicht eilig getätigt werden, und zum Glück hatte Jack alle Zeit und Geduld der Welt, um das Für und

Wider reiner Wolle gegenüber Velours oder Tweed zu erörtern. Wenn schließlich die Entscheidung über den Stoff gefallen war, maß er ihn mit dem Messingmaß auf dem Ladentisch.

Jack hatte große Kisten voll Hemden und Strümpfe und eine ungeheure Vielfalt an Unterwäsche. Die Häuser waren überall nur bescheiden geheizt, und dicke Schichten von Unterwäsche dienten als dringend notwendiger Schutz vor der Kälte. Meine Mutter kämpfte wie eine Löwin, um uns in sogenannte Hemdhosen zu zwängen. Dieser Name war sehr passend, weil sie Hemd und Hose in einem waren und eine vollkommene Umhüllung vom Handgelenk bis zum Knie mit einer eingebauten Hintertür verbanden, die die notwendige Austrittsöffnung bot. Sie waren scheußlich und unbequem, und wir weigerten uns standhaft, uns solche Fesseln anlegen zu lassen. Meine Mutter hielt es für die Hauptsache, daß man warm verpackt war, und alle anderen Überlegungen waren für sie zweitrangig, was zu zahlreichen Protesten ihrer fünf Töchter führte; manchmal setzte sie sich gegen uns durch, aber nicht, was die Hemdhosen betraf.

Auch unsere Schuhe wurden bei Jack gekauft. Er hob uns mühelos auf den Ladentisch und ließ uns auf und ab gehen, um sicherzustellen, daß die Schuhe gut paßten. Er war ein gutaussehender, großer Mann mit einer stattlichen Figur und war immer gut gekleidet, wie es sich für seinen Beruf schickte: Er trug einen grauen oder dunkelblauen Anzug mit passender Weste, und eine goldene Uhrkette schmückte seinen breiten Oberkörper. Da er vollkommen kahl war, gab es bei ihm keine Grenze zwischen Gesicht und Kopf, und seine Haut sah blaß und glatt aus, im Gegensatz zu der braunen, von Wind und Wetter geprägten Haut seiner Kunden. Wenn er seine Brille nicht brauchte, trug er sie oben auf dem Kopf – ein Kunststück, das ich sehr bewunderte.

Jack wurde in unregelmäßigen Abständen bezahlt, und der Zeitpunkt hing von vielen Dingen ab: von einem guten Milchpreis, vom Verkauf gemästeter Schweine oder von einer guten Ernte. Wenn es den Bauern gut ging, ging es auch Jack gut. Er hielt alle Verkäufe in einem dicken, ledergebundenen Buch fest, das er auf einem kleinen Pult im Erker aufbewahrte.

Nur selten gingen wir zum Sattler, da mein Vater die meisten Geschirrteile selber flickte. Der Sattler war ein hochgewachsener, schlanker Mann und versorgte seine Kunden nicht nur mit Lederwaren, sondern auch mit guten Ratschlägen. Einmal, als er und mein Vater über die Frauen in ihrem Leben sprachen und über die Gründe, warum sie manchmal ein bißchen zickig waren, riet Billy: »Man muß die Frauen rauslassen, um ihnen den Giftzahn zu ziehen.« Ans Haus gefesselte Frauen waren seiner Ansicht nach zänkische Frauen.

Billy selbst war nicht mit allzuviel Geduld gesegnet. Er war zwar großherzig, freigiebig und eine originelle Persönlichkeit, aber er war nicht gerade eine Frohnatur.

Als meine Kindheit schon viele Jahre zurücklag, fuhr ich einmal zur Beerdigung eines alten Mannes nach Hause, der ebenfalls für seine besonders ernsthafte Natur bekannt gewesen war.

»Taylor«, sagte Billy (er nannte uns alle Taylor, weil er nie wußte, mit welchem der Mädchen er gerade sprach), »wie schön, daß du zu Bobs Beerdigung gekommen bist.«

»Nun, Billy«, sagte ich, »er war sein Leben lang gut zu uns.«

»Das ist wahr«, sagte Billy feierlich, »und er hat niemals gelächelt.«

Was mir an dieser Bemerkung besonders gefiel, war, daß Billy selbst so gut wie nie lächelte.

Die meisten Läden gehörten schon seit Generationen denselben Familien, die dadurch eine genaue Kenntnis ihrer Kunden und ein tiefes Verständnis für sie entwickelt und weitergegeben hatten. Die Beziehung war gegenseitig, und wenn das Geld knapp war, unterstützten wir uns alle. Alle Ladenbesitzer waren unsere Nachbarn, und meine Mutter bedachte darüber hinaus, daß wir mit einigen von ihnen verwandt waren, denn sie hielt es für sehr wichtig, sich auch um die entfernte Verwandtschaft zu kümmern. Bindungen aller Art bedeuteten ihr viel, und wenn die Großmutter von jemandem der Großmutter meiner Mutter etwas Gutes getan hatte, vergaß das meine Mutter niemals; und daher waren alle Ladenbesitzer – Jack, Ned, Con, Billy und die beiden Miss Bowler – für uns mehr als nur

Ladenbesitzer: Sie waren unsere Freunde, und Einkaufen war nicht nur das Erwerben von Waren, sondern auch ein Besuch bei Freunden.

Die bronzenen Beine der Mrs. Tom

Im Alter von acht Jahren erhielt ich meine erste Lektion über die Treulosigkeit der Männer. Zu diesem Zeitpunkt meiner Entwicklung war ich naiv und vertrauensvoll und glaubte, das Leben sei ein Märchen und gehe stets gut aus. Er war zwölf, groß, dünn, blond und umwerfend, der einzige Junge in einem Haus mit vier Mädchen – der Liebling der ganzen Familie. Seine und unsere Mutter waren Cousinen, und er kam aus der Stadt, um einen langen, heißen Sommer auf unserem Bauernhof zu verbringen – seine ersten Ferien auf dem Land.

Bei seiner Ankunft betrachtete ich ihn mit einem gewissen Mißtrauen. Er trug makellose weiße Shorts und einen ebensolchen Pullover und hatte lange, braune Beine ohne Schrammen. Die Beine waren mir am unheimlichsten, weil sie ihre Farbe sicher durch Sonnenbaden auf einem peinlich gepflegten Rasen erhalten hatten – ein Zeitvertreib, der für mich unbegreiflich war.

Eine andere mögliche Erklärung schien mir noch unvorstellbarer. Die einzigen solchen Beine, die ich je gesehen hatte, waren die von Toms Frau, wenn sie für sich beschlossen hatte, daß der Sommer da war. Tom war ein Bauer aus der Nachbarschaft, der ausgewandert und dann zurückgekommen war und eine hinreißende englische Frau mitgebracht hatte. Wir Kinder sprachen von ihr immer nur als »Toms Frau«, was eigentlich seltsam war, weil sie selbst eine buntschillernde Persönlichkeit war, aber ich lernte nie ihren eigenen Namen kennen. Also nannten wir sie »Toms Frau« oder »Mrs. Tom«.

In einem Jahr war nach einem langen, kalten Frühling der erste sonnige Sommertag gekommen, als wir abends auf dem Heimweg von der Schule Mrs. Tom begegneten, deren Beine eine unübersehbare goldbraune Farbe hatten. Wie war das möglich? Beine, die von zarten Strümpfen bedeckt gewesen waren und von denen ich angenommen hatte, sie seien milchig weiß, waren jetzt plötzlich goldbraun. Ich kannte die verschiedenen Ausdrucksformen der Natur, die alle vom jahreszeitlichen Wandel kündeten, und wußte, daß in der Natur nichts von heute auf morgen geschah. Daher ließ mich das außergewöhnliche Phänomen, daß Mrs. Toms Beine über Nacht braun geworden waren, nicht los. Ich zerbrach mir tagelang den Kopf darüber, bis ich schließlich die Sache ganz direkt auf den Punkt brachte und Mrs. Tom bat, mir die Verwandlung zu erklären. Sie sah mich einen Augenblick lang überrascht an, so daß ich schon dachte, ich hätte es zu weit getrieben – aber dann lächelte sie.

»Komm mit«, sagte sie, »ich zeig es dir.«

Sie ging mit mir ins Schlafzimmer, wo sie aus einer verwirrenden Sammlung von Töpfen und Gläsern auf dem Toilettentisch eine Flasche nahm und das Rätsel ihrer plötzlichen Bräune auflöste. Und von diesem Tag an fing für mich der Sommer dann an, wenn Mrs. Toms Beine ihre Farbe veränderten. Die ersten Osterglocken kündeten vom Beginn des Frühlings, und Mrs. Toms Beine zeigten an, wann der Sommer gekommen war.

Mein Cousin, dessen Beine wie die von Mrs. Tom waren, fesselte meine Neugier ungemein, und mein erster Gedanke war, diesen Ausbund an Vollkommenheit dazu zu bringen, durch einen Bach zu laufen, um zu sehen, ob die braune Farbe dann abgehen würde. Auch glaubte ich, daß ihm ein Kampf mit einer Brombeerhecke nicht schaden könne und daß er danach vielleicht mehr wie einer von uns aussehen würde. Aber während der ersten Tage seines Besuchs blieben auch noch seine Mutter und seine Schwestern bei uns, und man mußte die Etikette wahren, solange sie da waren.

Wie um den wüsten Zustand meiner eigenen Beine noch zu betonen, riß ich sie mir an einem Stacheldrahtzaun auf und holte mir eine Schramme, die zwar nicht tief war, aber vom Knie bis zum Knöchel reichte. Normalerweise hätten wir die Wunde von alleine heilen lassen, aber die Cousine meiner Mutter war Krankenschwester und bestand darauf, die Wunde zu desinfizieren und ein breites, langes Pflaster auf mein Bein zu kleben. Dadurch sah die ganze Angelegenheit viel schlimmer aus, als sie eigentlich war, und ich verkündete allen, die nicht genau im Bilde waren, daß ich fast an einer Blutvergiftung gestorben wäre.

Robert – so hieß mein braunbeiniger Cousin – war sich selbst überlassen, als seine Mutter und seine Schwestern abgereist waren, und wir beide schlossen uns zusammen. Ich nahm ihn mit, um »Collies«, kleine Fischchen, mit Marmeladengläsern zu fangen, und stellte fest, daß seine Bräune nicht abging, ließ ihn mit seinen schneeweißen Leinensandalen in seinen ersten Kuhfladen treten und ging mit ihm Brombeeren pflükken. Beim Heumachen auf der Wiese bekam er vom Griff der Heugabel Blasen an den Händen, und bei Spritztouren mit dem Floß riß er sich ein Loch in den Hosenboden. Nach einer Weile fragten die Leute, die zu uns kamen, nicht mehr, wer der Besucher sei, weil er unter uns gar nicht mehr auffiel.

Manchmal gingen wir spät abends zur Quelle, um Wasser zu holen. Wir setzten uns an den Fuß des moosbedeckten Hügels, wo hohe Farnsträucher wie Fächer unsere Köpfe bedeckten, und erzählten uns Geschichten in einem kühlen, grünen Feenland, in dem die Abendsonne schräg durch die gezackten Farnwedel schien. Wir gingen durch die trockene Schlucht und kühlten unsere staubigen Füße in dem eiskalten Rinnsal, das sich von der tiefen Quelle in den danebenliegenden Bach ergoß. Die Steine in dem Rinnsal waren schwarz, flach und glatt, und wenn wir sie übereinander stapelten, konnten wir sie als Wippe benutzen, um auszuprobieren, wie lange wir das Gleichgewicht halten konnten. Auch den Fröschen gefiel dieses Fleckchen, weil es durch die herabhängenden Zweige der

Bäume rings umher feucht und kühl war. Wir stützten uns mit den Händen und Knien auf den großen grauen Stein gegenüber der Quelle, die im Bogen zum Hügel strömte; und wenn wir uns vorbeugten, konnten wir unsere tanzenden Spiegelbilder in ihren Tiefen betrachten. Ich hatte in meinem Schulbuch gerade eine Geschichte über Narziß gelesen, der in eine Quelle hinabsah und sich in sein eigenes Spiegelbild verliebte. Ich sann darüber nach, wie unwahrscheinlich das sei, während ich beobachtete, wie im Wasser der Quelle mein langes, blondes Haar mit dem von Robert verschmolz.

Wir standen frühmorgens auf und gingen hinaus, um im feuchten Frühnebel Pilze zu sammeln. Wir sahen den nassen Kühen zu, die gemächlich durch das hohe Gras zum Melken heimgingen, und wenn wir nach Hause kamen, grillten wir unsere mit Salz bestreuten Pilze auf einer heißen Torfsode am offenen Feuer.

»Collies« fangen war unsere Lieblingsbeschäftigung. Spät abends gingen wir mit an Schnüren baumelnden Marmeladengläsern zum Fluß, der sich zwischen hohen Ufern in seinem tiefen Bett über dunkelbraune Steine schlängelte. Mal war er flach und sandig, dann wieder bildete er tiefe, stille Tümpel, aus denen Forellen platschend in die Luft sprangen, so daß Kreise auf dem Wasser entstanden, die sich bis zum Ufer ausdehnten und die Mücken vertrieben, die über dem Wasser schwebten. Ich träumte davon, eine Forelle mit einem Marmeladenglas zu fangen, und die praktische

Undurchführbarkeit dämpfte meinen Eifer nie. Wir planschten im Fluß herum, bis das Tageslicht der Dämmerung wich, und zogen dann im Zwielicht nach Hause durch die Felder, wo die Kühe unermüdlich wiederkäuten.

Ich liebte die Kühe und stellte sie Robert alle einzeln mit Namen vor. Im Stall zeigte ich ihm, wo jede hingehörte, und erklärte ihm, daß jede ihren Platz kannte. Als er vorschlug, man solle Namensschilder über ihren Köpfen anbringen, war ich begeistert. Daß jede Kuh ihren eigenen Namen über dem Kopf haben sollte, war ein neuer und wunderbarer Gedanke. Unsere Kühe würden die ersten im ganzen Land sein, deren »Dienststellen« mit ihren Namen versehen wären. Doch wie konnte man einen solchen Traum verwirklichen? Robert hatte die Lösung. In der Stadt gab es am Bahnhof eine Maschine, mit der man auf Blech drucken konnte; und er würde die Namen aller Kühe drucken lassen und mir schicken. Es schien wie ein wahrgewordener Traum, und ich war überzeugt, daß auch die Kühe sich darüber freuen würden. Mit einem Bleistiftstummel schrieb ich mühsam den Namen jeder Kuh in ein Notizbuch und fügte obendrein noch die Namen der Pferde hinzu, damit sie sich nicht vernachlässigt fühlten.

Ich fand es schade, als Robert wieder nach Hause fahren mußte, aber der Gedanke an die Namensschilder für die Kühe entschädigte mich für den Trennungsschmerz, den ich bei seiner Abreise empfand. Ich nahm ein Marmeladenglas und füllte es mit kleinen, glänzenden Nägeln, die ich aus der Butterkiste meines Vaters herausgefischt hatte, sehr zum Nachteil meiner Fingerkuppen und Nägel. Auch stibitzte ich einen kleinen, kurzen Hammer, den er bestimmt überall suchen würde; aber da er sowieso nie irgend etwas finden konnte, war ich der Meinung, daß ein fehlender Gegenstand mehr oder weniger nicht viel Unterschied machen würde.

Bald hatte ich alles fertig vorbereitet und wartete nur noch auf das Eintreffen der Namensschilder. Jeden Tag hielt ich Ausschau nach dem Briefträger, doch jeden Tag war das Warten vergeblich. Ich beschloß aber jedesmal, daß mein Päckchen bestimmt morgen kommen würde. Schließlich, nach vielen Wochen, gab ich die Hoffnung auf. Ich fühlte mich verraten im Namen meiner Kühe, die offenbar namenlos bleiben sollten, und ich sagte mir, daß ich von einem Jungen mit so glatten und makellosen Beinen wie die von Mrs. Tom nicht viel hätte erwarten sollen.

Alte Säcke

Die Kunst, sich zu behelfen, war eine Tugend, die von meiner Großtante Susan über die weibliche Linie der Familie vererbt worden war – Männer galten nicht als sichere Hüter solcher Perlen der Weisheit. Sie äußerte sich darin, daß wir praktisch alles aufhoben und wiederverwendeten. Behälter verschiedener Art wurden wieder und wieder benutzt, und die einzige Abfallbeseitigung, die wir kannten, war der Schweinetrog.

Marmeladengläser wurden gespült und sorfältig aufgehoben, um später für selbstgemachte Marmelade und Konserven verwendet zu werden, und alle, die wir nicht selbst brauchen konnten, brachten wir für einen Penny für ein Zwei-Pfund-Glas und einen halben Penny für ein Ein-Pfund-Glas zum Laden zurück. Als mögliche Taschengeldquelle stand kaum ein Marmeladenglas lange herum.

Ein weiterer Behälter mit vielseitigen Verwendungsmöglichkeiten war der Blecheimer für Bonbons. Wenn wir bei Ned einen Eimer bestellt hatten, bekamen wir ihn nach einer Weile mit Resten von Süßigkeiten, die am Boden festklebten, aber wir hatten ihn bald gesäubert und für seine neue Aufgabe vorbereitet. Tee wurde in einem Blecheimer aufs Feld mitgenommen, wenn der Arbeitstrupp klein war, oder zusätzlich zum weißen Emailleeimer, wenn er besonders groß war, und wenn ein Mann alleine war, trank er manchmal direkt aus dem Blecheimer. Er diente auch dazu, Milch zu den Nachbarn zu bringen oder von ihnen zu holen, wenn es im Winter nur wenig davon gab, und dazu, Wasser vom Brunnen zu holen, vor allem, wenn man noch zu klein war, um einen großen Eimer zu tragen.

Manche Bauern hielten sich eine Ziege in ihrer Kuhherde, und wer kein Weideland für Kühe hatte, hielt gewöhnlich Ziegen, die auch Erdwälle abgrasten und sich mit wenig Gras begnügten. Der vielseitige Blecheimer konnte auch zum Melken der Ziegen verwendet werden, wobei der Melker allerdings achtgeben mußte, nichts anderes als Milch in den Eimer zu bekommen – der schräge Winkel, in dem Ziegen gemolken wurden, machte dies zu einer kniffligen Übung. Außerdem war der Blecheimer einer der vielen unterschiedlichen Behälter, die zum Sammeln von Eiern dienten.

Das braune Seidenpapier, in das der sonntägliche Brotlaib eingewickelt war, wurde sorgsam zusammengefaltet, damit später unsere Schulbrote darin eingepackt werden konnten. Leere Flaschen ganz unterschiedlicher Art wurden mit Wasser und Sand ausgespült und als Schulflaschen wiederverwendet. Die Magnesiummilchflasche (Magnesiummilch verwendeten wir als Gegenmittel bei Sodbrennen und Verstopfung) verlieh ihrem Inhalt ein bläuliches Aussehen; auch kleine Paddy-Whiskey-Flaschen wurden zur Schule mitgenommen, aber die alten Soßenflaschen begleiteten uns häufiger, weil wir mehr Soße als Magnesiummilch oder

Whiskey verbrauchten. Korken wurden sorgfältig aufgehoben, aber dennoch war an manch einem Morgen keiner für die Schulflasche da, und die Kunst, sich zu behelfen, bedeutete dann, eine alte Zeitung in Streifen zu reißen und zu einem Notstopfen zusammenzurollen.

Unsere Zeitung, der »Cork Examiner«, war ein Vielzweckgegenstand. Man konnte damit Fenster putzen und polieren und nackte Holzböden abdecken, um eine Unterlage und isolierende Schicht zu haben, bevor Linoleum oder Persenning darauf kam. Wenn man die Zeitung in mehreren Schichten auf die Sprungfedern der Betten legte, verminderte das den Verschleiß der Roßhaarmatratze. Schnitt man sie richtig zu, wurde die Zeitung zu Einlegesohlen in schweren Lederstiefeln und -schuhen und später in Gummistiefeln, als diese Teil unseres Lebens wurden. Obwohl man sie nie als babyweich bezeichnen konnte, war sie die Vorläuferin der millionenschweren Industrie, die später weiche Lösungen im Toilettenpapiergeschäft anbot. Wenn man sie zerknüllte, diente sie als Feueranzünder, wobei sich die Wirksamkeit noch durch ein bißchen Petroleum verbessern ließ. Ned formte sie zu Tüten und füllte sie mit Süßigkeiten. Zu Hause kleidete sie Schubladen aus und wurde als mottensicher angesehen, und wenn nichts anderes da war, wurde sie als Kehrblech benutzt. Eine unserer besonders emsigen Nachbarinnen deckte ihre Kartoffelpflanzen regelmäßig mit Zeitungen ab; das schützte sie vor Frost.

Ein Gegenstand, der in gut geführten Haushalten mit großem Erfolg eingesetzt wurde, war der Gänseflügel. Er eignete sich besonders für hochhängende Spinnweben, und was der Flügel nicht erreichen konnte, konnte auch das Auge nicht sehen. Es war sogar gut, daß einige Spinnweben nach dem Flug des Gänseflügels übrigblieben, weil sie die natürlichen Fliegenvernichter waren und nur darauf warteten, daß die Fliegen ins Netz gingen, die sich nicht von den Fliegenfängern, die wir vor die Fenster hängten, hatten einschüchtern lassen.

Not macht erfinderisch, und alles, was wir hatten, verwerteten wir aufs beste. Mit Pferdemist düngten wir unsere Rosen, ganz ohne fertig gekaufte Präparate, und Pflanzenschutzmittel waren unbekannt. Die Seifenlauge aus dem Waschbottich diente dazu, den Kohl schneckenfrei zu halten. Wenn der Bottich ein Loch hatte, konnte er immer mit einer Mischung aus Quark und Kalk, die man auf dem Boden des Bottichs verstrich und hart werden ließ, abgedichtet werden. Undichte Eimer wurden mit einem »Flicken« repariert, der aus zwei runden Blechstückchen mit einer Korkscheibe dazwischen bestand. Auf jede Seite des Lochs wurde ein Teil des Flickens gelegt, und die beiden Teile wurden dann zusammengeschraubt, wobei die Korkscheibe als Abdichtung diente. Man mußte aufpassen, wenn man Tierfutter in einem auf diese Weise geflickten Eimer mit den Händen mischte, weil sich das Blech tief unter die Fingernägel bohren konnte. Kesselflicker, die Ritter der Landstraße, erledigten Reparaturen, die für uns zu schwierig waren; sie stellten auch Blecheimer her, die größer als die üblichen waren, wenngleich ihr Handwerk mehr für Qualität als für Quantität berühmt war.

In jedem Haus gab es einen Leisten, auf dem Schuhe und Stiefel repariert wurden, und Samstag abends wurden die Kinderstiefel in einer Reihe aufgestellt, um mit eisernen Kappen und Schonern ausgebessert oder mit Ahle, Wachs und einem Knäuel Hanf geflickt zu werden.

Ausbessern war ein grundlegender Teil unserer Haushaltskünste, und man verließ sich sehr darauf. Alte Bettücher, die in der Mitte, wo sie am stärksten beansprucht wurden, fadenscheinig geworden waren, wurden wieder in Schuß gebracht durch einen chirurgischen Eingriff von der Mitte zu den Rändern hin. Wenn der Kragen eines Männerhemdes abgetragen war, wurde das Hemd noch lange nicht zum Staublappen, denn der Kragen wurde umgedreht und das Hemd weiter verwendet, wenn auch zugegebenermaßen nicht mehr als Sonntagshemd. Einige Hemden hatten keinen Kragen, aber ein aufsteckbarer Kragen konnte mit Knöpfen an ihnen befestigt werden; sie hatten an Werktagen keinen Kragen und waren das, was man heute Grandfather-Shirts nennt. Mein Erstkommunionkleid erbte ich von meiner Schwester, nur wurde für mich unten ein Streifen angenäht, weil meine Beine länger als ihre waren.

Wir brauchten keine Desinfektionsmittel, weil wir viel einfacher Abhilfe schaffen konnten. Wenn die Katze ihr Geschäft dort gemacht hatte, wo sie es nicht sollte, diente Torfstaub sowohl zum Reinigen als auch dazu, den Geruch zu tilgen. Wenn die Hühner dasselbe Vergehen auf dem Küchenfußboden begangen hatten, wurde eine Schaufel Asche vom offenen Feuer darüber gestreut. Asche wurde auch zum Putzen des Silbers und der Aluminiumteekannen benutzt. Ein Sack Kalk war unentbehrlich, um den Bauernhof sauberzuhalten. Wenn die Tiere in den Sommermonaten auf der Weide waren und die Ställe leerstanden, wurden diese mit Kalk geweißt und desinfiziert.

Für fast alles gab es mehr als nur eine Verwendungsmöglichkeit. Heiße Deckel von Koch- und Brottöpfen wärmten unsere Betten, und unsere Wärmflaschen waren irdene Krüge. Manchmal wurde auch das Bügeleisen erhitzt und dick eingewickelt, um das Bett in einer sehr kalten Nacht aufzuwärmen.

Bindfaden, mit dem Pakete aus der Stadt zusammengebunden waren, wurde nie weggeworfen: Er wurde zu einem Knäuel aufgerollt und als Notstrumpfhalter oder Gürtel oder zum Festhalten von Unterhosen benutzt. Mit Hanfschnüren band man nicht nur Strohballen zusammen, sondern verschloß auch knopflose Mäntel an kalten Tagen und schützte weite Hosenbeine sowohl vor dem Wind als auch vor Nagetieren.

Alle Kisten waren aus Holz und heißbegehrt. Wenn man die Weihnachtsvorräte in solchen Kisten bekam, behandelte man sie mit Respekt, denn ob man Holzkisten erhielt und wenn ja, wie viele, hing davon ab, wie gut man sich mit dem Ladenbesitzer verstand. Die lange Apfelsinenkiste mit zwei Abteilungen diente als Doppelhaus im Hühnerstall, wie auch die kleineren Äpfel- und Apfelsinenkisten. Wenn man sie aufrecht hinstellte, konnte die lange Apfelsinenkiste zum Nachtkommödchen werden und mit einem gekräuselten Vorhang recht dekorativ aussehen. Die Butterkiste war die stabilste und beliebteste aller Kisten und bot viele Verwendungsmöglichkeiten, beispielsweise als Werkzeugkasten oder als Nähkästchen. Es kam die Mode auf, die Butterkiste mit Kunstleder zu beziehen und ein Polster darauf zu legen, so daß man gleichzeitig ein Nähkästchen und einen Sitz am Kamin hatte. Die Fünf-Pfund-Käsekiste beherbergte in vielen Häusern Nägel und allerlei Krimskrams. Meine Mutter kaufte unseren Tee kistenweise: in einer großen Sperrholzkiste, die mit Silberpapier ausgelegt war. Wir bewahrten darin im Winter unsere Sommerkleider und im Sommer unsere Winterdecken auf.

Doch der Mehlsack war ohne Zweifel der König all der Dinge, die in unser Haus kamen und mehrere Verwendungsmöglichkeiten boten. Der Sack war aus weichem, weißem Stoff und mit einem Aufdruck über Gewicht und Herkunft des Mehls versehen, und wenn man ihn plötzlich fallenließ, stand man inmitten weißer, wirbelnder Wolken. Wenn man neben einem Mehlsack auf dem Milchwagen mitfuhr, sah man hinterher oft wie paniert aus. Doch sobald der Sack leer war, begann seine Wiedergeburt.

Der erste Schritt bestand darin, seine Identität unkenntlich zu machen, indem die Zeichen seines früheren Lebens entfernt wurden – der blaue oder rote Aufdruck, der die Geschichte des Mehlsacks erzählte. Der Sack wurde in einem Bottich mit sehr heißem Wasser und etwas Bleichsoda eingeweicht, so daß seine Identität und die Angaben über sein Gewicht – 112 oder 140 Pfund – bald ausgelöscht waren. Manche Leute sparten sich diese Arbeit, und einmal stieß unser alter Freund Dan auf einen solchen Fall, als er eins unserer Pferde suchte, das fortgelaufen war. Er war durch viele Felder und über ferne Berge gegangen, hatte das Pferd gesucht und sich immer wieder erkundigt, ob jemand es gesehen habe, als sich schließlich folgendes ereignete, wie er später meinem Vater erzählte: »Gütiger Himmel, Herr, da komm' ich doch zu einem kleinen Haus auf'm Hügel, 'ne schöne, dicke Frau macht auf, und sie hat 'n langes, weißes Nachthemd an, und auf ihrer Brust steht ›140 Pfund‹.« Solche Nachthemden aus Mehlsäcken hielten lange und waren bequem, aber die meisten Leute entfernten die aufgedruckten Angaben, damit sie nicht auf heiklen Stellen, sei es vorne oder hinten, landeten.

Der Mehlsack wurde auch oft zum Geschirrtuch und war in dieser Funktion sehr saugfähig. Des weiteren konnte er zu einer Tischdecke, einem Kissenbezug, einem Bettuch (»Sackbettuch« genannt) oder zu einer

Schürze werden oder anderen weiblichen Bedarf dekken, wenn sonst nichts greifbar war. Er diente als Futter für Kinderkleider für den Winter oder als Oberteil eines grauen Flannellunterrocks. Man konnte damit Steppdecken füttern oder, wenn der Stoff schon verschlissen war, ihn als Sieb oben auf die Milchkanne binden. Der Weihnachtspudding wurde darin gekocht und dann in einem anderen, trockenen Stück Sackstoff aufbewahrt. Ein solches Tuch wurde auch um den heißen Topfkuchen gewickelt, um die Kruste weich zu machen.

Einige der Mehlsäcke waren aus besserem Stoff als andere, und das Hafermehl wurde in einem Sack aus sehr gutem Material geliefert, aus dem man Teewärmer machen konnte, die mit Schafwolle gefüttert wurden. Oft wurden sie mit bunten Stickereien verziert, oder man zog die Fäden heraus und erzeugte so interessante Muster für farbenfrohe, haltbare Tablettdeckchen, Tischläufer, die man auf Kommoden legte, und Deckchen für den Toilettentisch. Manch künstlerisch Begabte malten auf diesem feinen, dichtgewobenen Stoff Bilder.

Seine Verwendungsmöglichkeiten waren, genau wie seine Lebensdauer, endlos. Er fühlte sich weich und angenehm an, und wenn man ihn zum Trocknen nach draußen hängte, sog er den Sonnenschein und jeden Duft des Landlebens in sich hinein. Je älter er war, um so geschmeidiger wurde er, und aufgrund seiner Saugfähigkeit eignete er sich dann ideal, um die feuchten Regionen von Säuglingen damit zu wickeln. Wenn der Stoff alt war, diente er als weicher, zarter Waschlappen oder als lindernder Verband, um blutende Wunden zu schützen oder verletzten Gliedmaßen Halt zu geben. Im Laufe seines Lebens machte der Stoff viele Verwandlungen durch, bis er schließlich so fein wie Seidenpapier war. Er war dann so zart und durchsichtig, daß ich manchmal dachte, er könne als die hauchdünnen Flügel eines weißen Schmetterlings wiedergeboren werden.

Wer die Kunst, sich zu behelfen, bis zur Vollendung beherrschte, lief natürlich Gefahr, als allzu sparsam angesehen zu werden. Noch recht freundlich war die Redensart »Die könnte unter einem Huhn wohnen«, aber wenn Dan eine Frau beschrieb, die er für sehr geizig und durchtrieben hielt, sagte er: »Die könnte in deinem Ohr wohnen und das andere vermieten, ohne daß du was davon wüßtest.«

In unserem Haus wußten wir uns zu behelfen und beherrschten diese Kunst so gut wie alle anderen, aber irgendwie war mein Vater nie zufrieden, und wir wuchsen mit ewigen Klagen über unsere Verschwendungssucht und unser Luxusleben auf, denn er beschwerte sich ständig, bei uns werde so viel Essen weggeworfen, daß eine andere Familie gut davon leben könnte. Als er sich wieder einmal darüber ausließ, wie sparsam man in seiner Jugend gewesen war, bemerkte meine Schwester Lucy, die ihm immer den Wind aus den Segeln zu nehmen wußte: »Du lieber Himmel, da haben die Toten ja Glück gehabt, daß sie beerdigt worden sind, sonst hättet ihr noch Suppe aus ihnen gemacht!«

Nells weihnachtliche Stimmung

Die alte Nell, unsere nächste und exzentrischste Nachbarin, glaubte nicht an Weihnachten. Trotz all meiner Bemühungen, sie zu bekehren und ihr wieder ein kindliches Weihnachtsbild näherzubringen, blieb sie eine sture Ungläubige. Dies war das einzige Thema zwischen uns, bei dem wir uns nicht auf einen Kompromiß verständigen konnten. Für mich war Weihnachten wunderbar, aufregend, großartig, ein wirklicher Höhepunkt des Jahres, doch Nell tat all meine Begeisterung und den ganzen allgemeinen Wirbel als puren Unsinn ab. In diesem Punkt war sie eigentlich nur konsequent: Schließlich hielt sie auch sonst keines der Rituale ein, die für die meisten Nachbarn wichtige Elemente des täglichen Lebens waren. Beerdigungen etwa lehnte sie verächtlich ab als »Reihen von Verrückten, die hinter Toten hergehen«.

Ihr Haupteinwand gegen Weihnachten bezog sich auf das Problem des guten Willens gegenüber allen Menschen. Wenn Nell einem den Rest des Jahres nicht wohlgesonnen war, dann sah sie auch keinen Grund, warum Weihnachten etwas daran ändern sollte. Was sie über alles haßte, war die Erwartung, daß man Geld ausgeben sollte; sie hatte nicht die Absicht, sich vom Weihnachtsfest gewaltsam den Messingverschluß ihres schmuddeligen, schwarzen Portemonnaies öffnen zu lassen. Wenn andere Leute Geld ausgeben wollten und wenn deren Großzügigkeit Nell zugute kommen sollte, war sie einverstanden, aber sie hielt es nie für nötig, sich für Geschenke zu bedanken oder gar zu revanchieren. Sie glaubte an ein Einbahnstraßensystem, in dem alle Straßen zu ihr führen sollten. Da sie nicht an übertriebener Feinfühligkeit litt, nahm sie alles an, was man ihr gab, und fühlte sich nicht im mindesten verpflichtet, Dankbarkeit auszudrücken oder auch nur zu empfinden.

Ladenbesitzer überreichten zu dieser Zeit ihren besten Kunden Weihnachtsgeschenke, und Nell erwartete, zu den Empfängern zu gehören, obwohl sie stets so wenig einkaufte, daß man sie kaum überhaupt als Kundin bezeichnen konnte. Wenn sie Zweifel an der Freigiebigkeit eines Ladenbesitzers hatte, tauchte sie ein paar Tage vor Weihnachten in seinem Laden auf. Nachdem sie so wenig wie nur möglich gekauft hatte, schenkte sie ihm ein breites Lächeln. In Nells Fall konnte dies eine recht einschüchternde Erfahrung sein, weil sich ihr Gebiß, das sie nur bei besonderen Anlässen trug, oft löste, und wenn das passierte, riß sie es vor den Augen des überraschten Ladenbesitzers heraus. Der war dann so entgeistert, daß er Nell das Nächstbeste reichte, um ihr aus der, wie er glaubte, peinlichen Situation zu helfen. Er merkte dabei nicht, daß die Situation nur ihm peinlich war, und in seiner Unwissenheit gab er ihr schließlich viel mehr, als er vorgehabt hatte. Durch diese Taktik erzielte sie sehr gute Erfolge im weihnachtlichen Glücksspiel, und es freute sie besonders, wenn es ihr gelungen war, von jemandem etwas zu ergattern, der wie sie selbst ein Geizhals war.

In einem Jahr beschloß Jim, der Taxifahrer, dem die Kneipe gehörte, wo Nell manchmal eine Flasche Whiskey kaufte, um sich in der Nacht aufzuwärmen, daß er sich diesmal Weihnachten nicht dazu drängen lassen wollte, für Nell eine Flasche kostenlos rauszurücken. Nachdem sie alle möglichen Kniffe probiert hatte, auch den Trick mit den falschen Zähnen, und immer noch nichts zu machen war, fragte sie ihn schließlich geradeheraus: »Jim, was ist mit meinem Weihnachtspäckchen?«

»Was ist damit, Nell?« erwiderte er.

»Hast du es vergessen?«

»Nein.«

»Dann nehme ich es jetzt mit, weil ich vielleicht vor Weihnachten nicht mehr hierhin komme.«

»Nell«, sagte er und sah ihr fest in die Augen, »du hast es nicht verdient, eine Flasche geschenkt zu bekommen, und du bekommst auch keine.«

»Ach, Jim«, seufzte sie, »du bist ein schlimmes Kerlchen in dieser festlichen Zeit.«

Daß ausgerechnet sie das sagen mußte, war ganz schön stark, aber sie war ihm nicht böse. Wenn er ihr eine Flasche geschenkt hätte, hätte sie sich gefreut, aber als er es nicht tat, bewunderte sie den Scharfsinn, mit dem er sie ausgestochen hatte.

Nell erlaubte mir, zur Weihnachtszeit ihr Haus zu schmücken, und ich tat es gern. Zu Hause konnte ich nur zusammen mit meinen vier Schwestern schmücken, und es gab ständig Streit, aber bei Nell durfte ich alles so machen, wie ich es wollte. Sie dachte zwar nicht daran, Geld für Weihnachtsschmuck auszugeben, aber das taten wir zu Hause auch nicht: Wir benutzten Weihnachtskarten und Glaskugeln, die wir ohnehin schon im Haus hatten. Einzig für eine große, rote Kerze gab Nell zu Weihnachten Geld aus, und diese wurde daher der Mittelpunkt, um den herum ich die Verwandlung ihres langen, strohgedeckten Hauses stattfinden ließ.

An den Tagen vor Weihnachten traf ich für sie die Vorbereitungen für das festliche Ereignis, das sie nicht im geringsten interessierte. Es war ein Zeichen ihrer Toleranz, daß sie nie etwas dagegen einwandte, aber vielleicht lag es auch daran, daß ich soviel Zeit mit ihr verbrachte und sie so gut kannte, daß ich instinktiv spürte, wieviel sie ertragen konnte. Der große Weihnachtsputz, der daheim stattfand, war in Nells Haus völlig unmöglich. Wenn ich nur davon sprach, den Boden und die Fenster zu putzen, verdrehte sie ihre Augen zum Himmel.

»Liebes Kind! Laß bloß den sauberen Dreck in Ruhe. Meine Mutter hat das Haus zu Weihnachten immer mit dem Spaten ausgemistet.«

Und das brachte die Diskussion zu einem schnellen Ende.

Sie hatte Hochachtung vor Spinnweben und behauptete, sie zeichneten sich sowohl durch ihren praktischen Nutzen als auch durch ihre Schönheit aus. Die Beweise ihrer Bewunderung hingen in jedem Winkel des Hauses. Sie sah in ihnen die natürlichen und besten Fliegenvernichter, und wenn die Spinnen so viel schöpferische Energie aufgewendet hatten, um sie zu weben, so würde Nell diese Kunstwerke nicht zerstören. Als wir die feinen Fäden einer neuen Kreation genau betrachteten, mußte ich ihr zustimmen, aber ihre Begeisterung für die staub- und rußbedeckten Exemplare, die überall wie schwarze Fetzen an den Dachbalken hingen, konnte ich nicht teilen.

Wir bekamen zu Hause nicht allzu viele Weihnachtskarten, aber einige waren sehr schön, und wir warfen unsere Karten nach Weihnachten nicht weg, sondern hoben sie von Jahr zu Jahr als Schmuck auf. In einer Kiste unten im Wohnzimmerschrank verwahrte meine Mutter diese Karten, und ich nahm mir immer ein paar davon. So kam es, daß an den Festtagen in Nells Fenster Karten standen, die ihr und den Kindern frohe Weihnachten wünschten. Wer neugierig genug war, die Karten in Nells Haus zu lesen, mußte am Ende völlig verwirrt sein, denn es gab dort herzliche Grüße von Brüdern, Schwestern, Cousins und Cousinen, die sie einfach nicht hatte. Da sie keinerlei Neigung hatte, mit irgendwem zu sprechen, lebte sie in nahezu völliger Einsamkeit, mal von mir Eindringling abgesehen. Immer wieder nahm sie einige der Karten, mit denen ich ihr Haus geschmückt hatte, las sie und schnaubte verächtlich über die Dummheit der Schreiber.

Jedes Jahr lud meine Mutter Nell ein, Weihnachten mit uns zu feiern, und jedes Jahr lehnte sie ab. Sie hielt nichts von Geselligkeit und zog die Stille ihres eigenen Hauses vor. Wie sie meiner Mutter frei heraus mitteilte, konnte sie auf die Belästigung durch eine Horde Kinder, die um sie herum Krach machten, verzichten. Dennoch besuchte sie uns gewöhnlich Heiligabend auf dem Rückweg von der Beichte, wo sie sich beim Priester darüber ausgelassen hatte, wie einsam das Weihnachtsfest für jemanden wie sie wäre – allerdings versuchte sie diesen Trick nie bei unserem alten Gemeindepfarrer, der sie zu gut kannte und ihre Winkelzüge durchschaute. Doch wenn wir einen neuen Kaplan hatten, gab sie eine Vorstellung wie eine große Schauspielerin, bis er fast in seine Soutane weinte. Wenn er sie danach besuchte und etwas mitbrachte, um sie aufzuheitern, sagte sie: »Gott segne ihn, ist der aber ein Unschuldslamm! Die Priester sind so gebildet und müssen trotzdem aufs Land kommen, um etwas zu lernen.«

All ihre merkwürdigen Äußerungen brachte sie in einer hohen, durchdringenden Jammerstimme vor, die es praktisch unmöglich machte, eine normale Unterhaltung mit ihr zu führen. Wenn sie einem etwas mitteilte, das sie für vertraulich hielt, ermahnte sie einen in einer Stimme, die im Umkreis einer halben Meile zu hören war: »Aber behalt das ja für dich!« Wenn diese Unterhaltung während der Messe stattfand – was häufig der Fall war –, war Nells Flüstern überall in der Kirche zu hören, und die Worte des Priesters wurden zum reinen Hintergrundgeräusch.

Einmal saß sie am Heiligabend an einem Ende unseres Küchentisches und trank Tee, während meine Mutter am anderen Ende die Gans füllte und wir Kinder dazwischen Weihnachtsschmuck auswählten. Schließlich erreichte der Lärm einen solchen Pegel, daß Nell es nicht mehr aushielt; bevor sie nach Hause ging, sagte sie meiner Mutter noch, wie froh sie sei, daß sie sich nicht solche Plagegeister aufgebürdet hatte, wie meine Mutter sie ertragen mußte – ihre Kinder. Nells besondere Art, auszudrücken, warum sie dieses Glück hatte, war: »Dem Himmel sei Dank, daß ich mir nie einen Mann in meinem Bett gewünscht habe.« Männer waren ihrer Meinung nach im allgemeinen die Erzeuger einer Vielzahl von unerwünschten Spätfolgen.

Am nächsten Tag, als wir gerade mit dem Weihnachtsessen beginnen wollten, stürmte Nell herein und fragte in ihrer Jammerstimme: »Habt ihr meine Zähne gefunden?«

»Dein Gebiß?« erkundigte sich meine Mutter überrascht.

»Ja!« kreischte sie aus Leibeskräften. »Als ich heute morgen auf das Marmeladenglas auf dem Küchenschrank gesehen habe, war es leer, und wie ihr wißt, sind meine Zähne immer dort drin, außer wenn ich ausgehe.«

»Aber Nell«, fragte meine Mutter besänftigend, »warum glaubst du denn, daß sie hier sind?«

»Weil ich sie gestern abend beim Tee herausgenommen hab'. Sie sind ständig im Kuchen steckengeblieben, und ich wäre fast an ihnen erstickt«, schrie Nell, entschlossen, sich nicht besänftigen zu lassen.

»Lieber Gott im Himmel«, flehte mein Vater jetzt, doch bevor er mit seinem Spruch »Wenn je ein Mensch gelitten hat« loslegen konnte, unterbrach ihn meine Mutter: »Nell, als ich gestern abend aufgeräumt habe, waren deine Zähne nicht auf dem Tisch; also mußt du sie mit nach Hause genommen haben.«

»Nein«, beharrte Nell, und dann fiel ihr Blick auf die noch brutzelnde, goldbraune Gans, die festlich in der Mitte des Tisches lag, und sie zeigte mit ihrem schwarzen Finger darauf. »Dort sind sie drin!« rief sie aufgeregt, als sei sie von göttlicher Eingebung getroffen. »Sie müssen unter die Zwiebelscheiben geraten sein, denn ein Teller davon war in meiner Nähe, und jetzt sind sie mit der Füllung in der Gans.«

»Heilige Mutter Gottes!« begann mein Vater aufs neue, und dieses Mal würde ihn meine Mutter nicht zum Aufhören bewegen können. »Das fehlt mir gerade noch bei meinem Weihnachtsessen – Nellys Beißer, die mich durch den Arsch der Gans angrinsen!«

»Nell«, sagte meine Mutter entschlossen, »wenn wir sie finden, bringen wir sie dir zurück – oder möchtest du zum Essen bleiben?«

»Zum Essen bleiben«, schrie Nell, »und meine eigenen falschen Zähne essen!« Und damit ging sie und schlug die Tür hinter sich zu.

»Lieber Gott«, seufzte mein Vater, »ist das ein elektrisiertes Rennpferd!« Nur selten benutzte er im Haus »Stallsprache«, wie meine Mutter es nannte, aber wenn es um Nell ging, riß ihm schnell der Geduldsfaden.

Nachdem Nell gegangen war, starrten wir voller Abscheu auf unsere goldene Gans, bei deren Anblick uns vor wenigen Minuten noch das Wasser im Munde zusammengelaufen war, die aber jetzt offenbar ein schreckliches Geheimnis barg. Es war, als habe plötzlich eine Tragödie einen Schatten über unser junges Leben geworfen. Normalerweise war die Gans mit der wunderbaren Kartoffelfüllung meiner Mutter einer der weihnachtlichen Höhepunkte, doch Nell hatte uns diese Freude mit der Aussicht darauf, was noch in der Füllung sein könnte, gründlich verdorben.

Meine Mutter ging die heikle Situation ganz einfach an. »Ich nehme die ganze Füllung heraus, und dann sehen wir ja, was los ist«, sagte sie. Also zerlegte sie die Gans und holte die Füllung von beiden Enden heraus. Weil es viele Münder zu stopfen galt, hatte unsere Gans keine leeren Hohlräume und war überall mit Füllung vollgestopft. Wir sahen alle gebannt zu, wie meine Mutter die Füllung löffelweise herausnahm, und es war einer der seltenen Augenblicke, in denen an unserem Tisch je Ruhe herrschte. Sogar mein Vater hielt, abgesehen von der gelegentlichen Anrufung des Herrn als Zeugen seines Leidens, bis zum Ende in dunkler Befürchtung durch. Schließlich bewies der letzte Löffel, daß jeder Verdacht ausgeräumt war, und wir jubelten alle, erleichtert, daß die Schreckensvorstellung von Nells Gebiß in unserer Gans von uns genommen war. Und weil wir fast auf unser Essen hätten verzichten müssen, schmeckte es um so köstlicher. Unsere Hunde hatten keine Ahnung, daß sie beinahe ein ganzes Weihnachtsessen serviert bekommen hätten.

Später an jenem Abend ging ich mit einem Teller unseres Essens, in ein Geschirrtuch gewickelt, über die Felder zu Nell. Draußen war es ganz still, und ich beobachtete, wie mein Atem mit der kalten, frischen Luft verschmolz. Das Wasser im Bach hob sich schwarz vom grauen, reifbedeckten Gras ab, und die hartgefrorenen Spuren der Kühe bildeten eine Vielzahl von Mustern. Während ich zwischen ihnen hin und her sprang, wurde Nells Essen in der frostigen Abendluft allmählich kalt. Aber ich sah keinen Grund zur Eile und schlenderte weiter, bis ich ganz gemächlich zu Nells Haus kam, wo sie mit ihren Hunden und Katzen vor einem großen Feuer saß. Von ihrem Stuhl am Kamin aus hatte sie durch das Küchenfenster beobachtet, wie ich über die Felder langsam auf sie zukam.

»Kind«, sagte sie, »du hast dir aber Zeit gelassen. Mein Essen ist bestimmt schon gefroren.«

Sie stellte den eingewickelten Teller in einen schwarzen Topf am Feuer, und die Hunde und Katzen drängten sich um ihn, um daran zu schnüffeln. Ich legte mich auf Nells alte Holzbank und vertrieb damit ein paar Katzen, die sich die Bank als ihr Lager auserkoren hatten. Ich bewunderte die Stechpalmenzweige mit den roten Beeren, die ich über die Bank gehängt hatte, wo sie einen lebhaften Kontrast zu den schwarzen Dachbalken bildeten. Alles in allem, so beschloß ich, wirkte Nells Küche jetzt richtig festlich, trotz Nells Abneigung, sich am Fest zu beteiligen. Die rote Kerze, die am Fenster flackerte, und die gelben Flammen des Torffeuers erfüllten das Zimmer mit einem warmen Schimmer. Die bunten Weihnachtskarten standen auf der breiten Fensterbank und zwischen den braunglänzenden Krügen und Schalen auf dem dunklen Küchenschrank. Die Stille des Zimmers wurde nur unterbrochen vom Ticktack der alten Wanduhr und dem Zischen des Harzes der Holzscheite, wenn die Flammen von den brennenden Torfsoden an ihnen leckten. Plötzlich sah ich aus dem Augenwinkel, wie mich die falschen Zähne in dem Marmeladenglas, das sie häufiger beherbergte als Nells Mund, aus dem Dunkel heraus weiß angrinsten. Wie lange waren sie wohl schon dort? Aus irgendeinem Grund fragte ich Nell nicht.

Leckerbrei

Leckerbrei war Balsam für angeschlagene Seelen und Körper und wurde von uns allen heiß geliebt. Mütter bereiteten ihn, wenn sich jemand in der Familie unwohl fühlte, aber nicht krank genug für Medizin und ganz bestimmt nicht krank genug für den Arzt war – wenn er sich vielleicht von seinen Mitmenschen unverstanden fühlte und Liebe brauchte oder spüren wollte, daß ihn jemand liebte. Leckerbrei war ein wirksames Gegenmittel für jeden Kummer und für jeden Geldbeutel geeignet.

Von einer dicken Weißbrotscheibe oder einer gut gefüllten Kruste wurde das Weiche abgezupft und kam dann als unterste Schicht in eine Tasse oder Schale, je nach der Größe desjenigen, für den der Brei bestimmt war. Manche Küchenschränke zierte eine farbenfrohe, geblümte Schüssel, die eigens für die Zubereitung von Leckerbrei da war. Über die Brotschicht wurde reichlich Zucker gestreut, und Leckermäuler kippten die Zuckerdose und schütteten drauflos. Darüber kam dann wieder Brot und Zucker, und so weiter, Schicht für Schicht, bis das Ganze wie eine Kuppel über den Rand wuchs.

Während das geschichtete Wunder vollbracht wurde, mußte man ein wachsames Auge auf den Topf voll Milch haben, der auf zusammengeschobenen glühenden Kohlen am Feuer heiß wurde. Ihn zu vergessen, war gefährlich: Wenn man eine Sekunde lang nicht hinsah, konnte die Milch zu einem brodelnden Vulkan werden und sich ins Feuer ergießen, die Asche in alle Richtungen zerstreuen und die Küche mit einem beißenden Geruch erfüllen. Erfahrenen Leckerbreiköchen gelang es, beide Arbeiten gleichzeitig zum Abschluß zu bringen. Dann wurde die kochende Milch vorsichtig mit kreisenden Bewegungen über die Masse aus weichem Brot und Zucker gegossen, die mit einem leisen Seufzer unter dem heißen Sturzbach zusammensank. Empfindliche Leute hielten gern die Haut oben auf der Milch zurück, weil sie mit Torfstaub und Asche bestäubt sein konnte, aber andere, weniger wählerische Seelen ließen alles in die Schüssel fließen. Dann wurde die ganze Mischung mit einem großen Löffel zermatscht, wobei der Löffel mit einem schlürfenden Geräusch durch den Leckerbrei drang und mit einem dumpfen Laut auf den Boden der Schüssel traf. Währenddessen kühlte der Brei ab, und der Kenner wußte, wann genau der Punkt erreicht war, um den erwartungsvollen Gaumen zu beglücken. So entstand eine Schale mit weichem, süßem, sahnigem Brei – ein köstlich matschiges Beruhigungsmittel.

Mit dieser wohltuenden, verführerischen Masse wurden Säuglinge von der Brust entwöhnt und mit fester Nahrung bekannt gemacht. Später half der Leckerbrei, wenn es keinen anderen Trost mehr gab. Manch hartgesottener alter Junggeselle fand Trost in einer Schale mit heißem Leckerbrei, wenn er an einem kalten Tag vom Viehmarkt zurückkam und ihn niemand in die Arme schloß, um ihn ein schlechtes Geschäft vergessen zu lassen. Wenn das Blut in seinen Adern vom langen Marsch über die Hügel und vom kalten Wind um seine Ohren erstarrt war, belebte ihn diese Schüssel warmer Wohltat und vertrieb den Frost aus seinen Gliedern. Oft nahm eine allzu penible Dame, die ihre Leinenbettücher nicht zerknittern lassen wollte von den ihrer Meinung nach ungeeigneten Männern, die zu haben waren, eine Porzellantasse mit tröstendem Leckerbrei zu sich, um sich über die Nacht hinwegzuhelfen. Auch glückliche Paare, die nach einem hektischen Tag ihren Nachwuchs ins Bett gebracht hatten, genossen zusammen eine Schüssel mit warmem Leckerbrei, bevor sie sich noch größeren Genüssen zuwandten. Später, im Alter, wenn von empfindlichen Backenzähnen bohrende Schmerzen den ganzen brüchigen Kiefer durchziehen konnten, diente der weiche Leckerbrei als sanfte Entwöhnung von fester Nahrung.

Man mußte nicht mehr kauen und die wackligen Zähne in ihrem geschrumpften Fundament erschüttern, denn Leckerbrei glitt mühelos über den mangelhaften Kauapparat.

Leckerbrei war eine Quelle des Trostes für jedes Alter. Er war ein Beruhigungsmittel für kleine Kinder, ein Antistreßmittel für Männer in den Wechseljahren, ein Östrogenersatz für Frauen und im Alter ein letzter Trostspender gegenüber dem Zahn der Zeit.

Das reinste Irrenhaus

Wenn das erste Licht schimmerte und die Vögel mit einem leisen Zwitschern ihr Morgenkonzert anstimmten, krähte der Hahn laut und deutlich. Ich stellte mir vor, er müsse wohl mit einem halboffenen Auge schlafen, um nur ja nicht den ersten Lichtspalt am dunklen Himmel zu verpassen. Er war unser Wecker, und sein Krähen war ein Ruf zum Angriff und eine Begrüßung des neuen Tages. Es lag nichts Halbherziges oder Zögerliches darin: Sein »Kikeriki« ertönte hell und klar. Der schallende Ruf brach durch die Wolken benommener Schläfrigkeit und wurde alle fünf Minuten wiederholt, bis sich der Hahn sicher war, daß der Tagesanbruch auch von denen zur Kenntnis genommen wurde, die nicht seinen Sinn für den rechten Zeitpunkt besaßen.

Er war ein gutaussehender Bursche mit einem leuchtend roten Kamm, der sich eindrucksvoll von seinem schneeweißen Federkleid abhob. An seinen langen, starken, gelben Beinen saßen kräftige Krallen, und er hatte einen gefährlichen Schnabel; er benutzte sowohl Schnabel als auch Krallen, um seinen riesigen Harem zu regieren. Er stolzierte arrogant über den Hof, und manchmal bestieg er mitten am Tag wie einen Thron einen Misthaufen oder Schuppen und demonstrierte krähend seine Macht über die Schar, die nun über den Hof verstreut war.

Nachdem uns der Morgenschrei des Hahns geweckt hatte, mußten wir als erstes die Kühe in den Stall bringen. Sie hatten nicht wie der Hahn eine eingebaute Uhr, die ihnen sagte, wann es Zeit war, zum Melken nach Hause zu gehen. Gewöhnlich waren sie über die Wiese verstreut, einige grasten, andere hatten sich hingelegt und käuten zufrieden wieder. Wenn sie einen kommen sahen, standen sie gemächlich auf und trotteten auf vielen Umwegen zum Durchlaß. Frühmorgens die Kühe zusammenzutreiben war eine wohltuende Erfahrung. Sie sahen einen aus großen, feuchten, vertrauensvollen Augen an und taten gehorsam alles, was man von ihnen verlangte. Wenn man hinter ihren schwingenden Schwänzen herging, strahlten sie eine warme Zufriedenheit mit ihrem Schicksal aus, die ansteckend wirkte. Der Rhythmus ihres Trotts ließ einem selbst nichts anderes übrig, als sich dem gelassenen Tempo ihrer Rinderwelt zu fügen. Im Stall angekommen, ging jede an ihren Platz und schob den Kopf an die dafür vorgesehene Stelle. Während die schläfrigen Melker eintrafen, von denen einige morgens immer schlechtgelaunt waren, standen die Kühe da und käuten ungerührt wieder, und in ihren großen Augen war ein abwesender Blick, als träumten sie von grünen Feldern und Bächen mit moosbewachsenen Ufern.

Wir hatten drei Kuhställe und nannten sie »den neuen Stall«, »den mittleren Stall« und »den alten Stall«. Über dem neuen und dem mittleren Stall waren Kornspeicher, die mein Vater gebaut hatte. Der alte

Stall aber war schon seit Generationen da: ein schöner alter Steinbau, der teilweise mit Efeu bewachsen war und tiefliegende, schmale Fenster und einen mit Kopfsteinen gepflasterten Boden hatte. Hier nisteten Schwalben in den Spalten zwischen den Mauersteinen und schwirrten über den Köpfen der Kühe hinein und hinaus, und auf dem Heuboden darüber waren ganz oben auf jedem Balken reihenweise Nester.

Die Melker gingen zu ihren jeweiligen Boxen und melkten ihre Kühe. Es gab keinen ausgearbeiteten Plan, wer welche Kuh melken sollte: Das System hatte sich einfach dadurch entwickelt, daß bestimmte Leute bestimmte Kühe besonders gerne melkten, das war alles. Die Eimer voll warmer Milch wurden aus dem Stall und über den Hof getragen, wo Neunzig-Liter-Fässer auf einer Betonplattform standen. Dort hinein wurde die Milch gegossen und durch ein weißes Musselintuch, das vor die Öffnung eines jeden Fasses gespannt war, geseiht.

Mein Vater ging früh aus dem Stall, um das Pony einzufangen und danach zu frühstücken. Wenn das Pony vor den Milchwagen gespannt war, wurde dieser rückwärts neben den Milchstand gefahren, und die geschlossenen Fässer wurden darauf gerollt.

Wenn die Kühe gemolken und wieder auf die Weide hinausgelassen worden waren, war die einzige weitere Arbeit, die gewöhnlich vor dem Frühstück erledigt wurde, das Füttern der Kälber. Sie brüllten sich jetzt die Seele aus dem Leib: Sie hatten das Scheppern der

Milcheimer gehört und wußten, daß es Zeit für ihr Frühstück war. Alle kleinen Kälber wurden einzeln gefüttert, und jedes brauchte eine andere Milchmischung: Manche Kälber bekamen nur frische Milch, andere eine Mischung aus frischer und saurer Milch, und wieder andere nur saure Milch; und die Bedürfnisse eines jeden Kalbs im Kopf zu haben, war ein bißchen, als bereite man die Trinkflaschen in der Säuglingsstation eines Krankenhauses zu.

Bevor man die Stalltür öffnete, um die Kälber zu füttern, mußte man alles gut vorbereitet haben, da ihre Eimermanieren nicht besonders fein waren und jedes Kalb nur ein Ziel im Leben hatte: seinen Kopf in einen Eimer zu bekommen – in irgendeinen Eimer. Manchmal waren am Ende zwei Köpfe in einem Eimer, und in einem anderen Eimer war gar kein Kopf. Aber es war so gut wie unmöglich, den Kopf eines Kalbs wieder herauszubekommen, wenn er einmal drin war, denn der einzige Griff, an dem man ziehen konnte, waren die Ohren, und so sehr man auch ziehen mochte, führte dies nie zum Erfolg. Wenn jedes Kalb schließlich sein richtiges Futter hatte, mußte man den Eimer gut festhalten, während es trank, weil die Kälber die merkwürdige Angewohnheit hatten, mit ihrem Kopf jäh hochzustoßen, als wollten sie damit ihre Dankbarkeit ausdrükken. Sie konnten den Eimer umdrehen oder, was noch schlimmer war, ihn wegschleudern, so daß man dunkelblaue Schienbeine bekam.

Nach dem Kampf mit den Kälbern gönnten wir uns eine Pause und fütterten uns selbst. Wenn das Frühstück vorüber war, wurde die übrige Morgenarbeit erledigt, aber irgendwie schien sie nie so lange zu dauern wie die Abendarbeit, was seltsam war, da die Routine fast genau die gleiche war.

Sobald im Sommer die ersten Abendschatten ihre schrägen Finger über die Felder streckten, strömten alle Tiere auf dem Hof zusammen. Hungrige Tiere sind laute Tiere, und die einzigen, die keinen Hunger hatten, waren die Kühe, doch auch sie brüllten, weil sie gemolken werden wollten. Der fordende Lärm konnte ohrenbetäubend sein. Ein paar Schweine waren zum Mästen ständig im Stall untergebracht, und sie schrien jetzt schrill und wie rasend, während sie gegen ihre Tür sprangen und ihren leeren Eisentrog scheppernd durch den Stall schoben. In den danebenliegenden Ställen quietschten neugeborene Ferkelchen nach ihren Müttern, die draußen gefressen und sich im Schlamm gesuhlt hatten.

Zwei große Tore führten von den Feldern in den Hof, und sie waren zu diesem Zeitpunkt geschlossen, um ein bißchen Ruhe und Ordnung in das Durcheinander zu bringen. Draußen vor dem einen Tor brüllten nun die großen Kälber, die den Tag auf der Weide verbracht hatten, mit langen klagenden »Maa-Maa-Maa«-Rufen unaufhörlich nach ihrem Abendessen. Vor dem anderen Tor quiekten die heimkommenden Säue mit ausdauernder Bestimmtheit. Drinnen im Hof waren schon Hühner, Puten, Enten und Küken, die alle zum chaotischen Konzert der schreienden Tiere beitrugen. Es war das reinste Irrenhaus.

Zunächst mußte man sich um die Hühner kümmern, weil sie überall waren, in das Futter der anderen Tiere hineinhüpften und einem zwischen den Füßen herumliefen, so daß man sie als erste loswerden mußte. Man trug also einen Eimer Hafer vor ihren Stall und rief »Put, put«, woraufhin sie sich alle um einen scharten. Den Hafer streute man auf den Boden, und sie pickten ihn auf.

Als nächste waren die Enten an der Reihe, die einfach alles fraßen, was nach der Überzeugung meines Vaters der Grund dafür war, daß ihre Eier nicht so gut waren wie die Hühnereier. Die Puten jedoch waren eine mäklige Gesellschaft, und ihre Küken wurden tatsächlich mit Rührei und Brennesseln gefüttert. Manchmal bekamen sie eine merkwürdige Krankheit, die sogenannte Schnabelsperre, und dann wurden sie unter einen Pappkarton gesetzt und mit einem rosafarbenen Puder eingestäubt. Puten waren empfindlich und anspruchsvoll, aber der Truthahn war ein farbenfroher alter Bursche, der seine leuchtenden Federn und riesigen Flügel oft fächerförmig ausbreitete und zu einer Seite hin geneigt tänzelte, wie ein aufgeregter Matador kurz vor dem Angriff. Und er griff auch wirklich an, denn er war ein streitsüchtiger Hitzkopf und attackierte einen in vollem Flug mit ausgebreiteten Flügeln.

Wenn sich das Geflügel beruhigt hatte, hielt das Schreien im Hintergrund noch an. Als nächstes mußte man sich um die Schweine kümmern und sie, so gut es ging, zur Ruhe bringen. Im Hof war die Futterküche, wo das Schweinefutter mit einer langstieligen Schaufel in einem Holzzuber gemischt wurde. Die Ration wurde aus Jutesäcken geschaufelt, mit Wasser zu einem Brei vermischt und dann in Eimern zu den Schweinen gebracht. Sich in einen Stall voll hungriger Schweine zu wagen, erforderte einen gewissen Mut, rohe Gewalt und, was das Allerwichtigste war, eine gute zeitliche Koordinierung. Hungrige Schweine quiekten und sprangen schubweise gegen die Tür, und der Trick bestand darin, zwischen zwei Schüben, wenn die Schweine den nächsten Angriff vorbereiteten, durch die Tür und zum Trog zu laufen. Wenn man nicht genau den richtigen Moment erwischte, konnten sie einen umwerfen, und dann kam man stark parfümiert mit einer konzentrierten Essenz und reinem Eau de toilette wieder heraus.

Die heimkommenden Säue draußen vor dem Tor schrien nun aus Leibeskräften und versuchten das Tor mit ihren Schnauzen wegzuheben, während ihre Ferkel sie hörten und vor Hunger quiekten, doch sobald man sie hereinließ, verstummte der Lärm.

Die Kälber bildeten nun den Abschlußchor. Sie bekamen ihr Futter in einem einzementierten Eisentrog, und eiserne Stangen trennten die Köpfe voneinander. Der Trog wurde mit saurer Milch gefüllt, die vorher von der Molkerei geholt und in zwei großen Teerfässern in einer Ecke des Hofes gelagert worden war. Die Milch wurde mit Eimern aus dem Faß geschöpft, bis der Trog voll war, und erst dann öffnete man das Tor und machte den Weg frei, um nicht vom darauffolgenden Ansturm umgeworfen zu werden. Manchmal wurden die größeren Kälber ein paar Minuten zurückgehalten, um den kleineren einen Vorsprung zu geben. Nach dem Füttern kamen die Kälber zurück auf die Weide.

Der Frieden, der den Hof erfüllte, wenn all die fordernden, lärmenden Tiere endlich gefüttert waren, wurde durch den Gegensatz zum vorausgegangenen Tumult besonders spürbar. Es war solch eine Erlösung, sie alle zur Ruhe gebracht zu haben, daß man die Stille beinahe fühlen konnte.

Diese tägliche Routine nannten wir einfach »die Arbeiten machen« und unterschieden sie in gewisser Weise vom Melken, das wir als das größte Ereignis des Tages ansahen, weil so viel mehr Leute daran beteiligt waren.

Im Sommer standen viele Stallungen nachts leer. Die Kühe waren vom Frühsommer bis zum Spätherbst – wie lange, hing vom Wetter ab – auf der Weide, und der Pferdestall wurde nur im Winter benutzt. Auf dem Hof hörte man an einem späten Sommerabend nur verhaltene Geräusche. Schwalben schwirrten durch die offenen Türen hinein und heraus, und die Katzen streckten sich in den Futterkrippen aus, wo die Pferde sie im Winter nicht duldeten. Die Schweine, die sich gewöhnlich eng aneinandergeschmiegt warmhielten, lagen nun in großen Abständen voneinander, damit es ihnen in ihrem warmen Stall nicht zu heiß wurde, und dabei grunzten und schnaubten sie leise, als ob sie ihre Erinnerungen an das Suhlen im kühlen Schlamm noch einmal durchlebten. Ab und zu ertönte ein gedämpftes Schnattern vom Entenhaus, und sogar die zänkischen Puten zwitscherten leise vor sich hin. Die Hühner saßen in Reihen nebeneinander auf ihren Stangen im weißgetünchten Hühnerstall und gackerten und gluckten noch ein paarmal, bevor sie ihren Kopf unter die Flügel steckten. Sogar seine Majestät der Hahn hatte es sich auf der obersten Stange bequem gemacht und sah mit seinen kleinen, runden Augen auf die Reihen seiner Hofdamen hinab.

Die Volksmission

Die Missionsprediger, die fast jeden Sommer in die Pfarrkirche einfielen, waren für uns so aufregend wie ein Wanderzirkus. Uns gefielen diese großen, würdevollen Männer mit ihren langen, wogenden schwarzen Gewändern, ihrem viergeteilten Birett, das bedenklich schief auf ihrem Hinterkopf saß, und mit ihrem Rosenkranz, der wie ein Pferdegeschirr um sie herum klirrte. Sie schienen über dem Leben zu stehen, und wir sahen in ihnen Besucher aus einer anderen Welt – einer Welt voller Weihrauch, langer, gebohnerter Dielen und unentwegten Gebets.

Für mich war der Missionar am Altar ein Entertainer, und seine Show war besonders aufregend, wenn er brüllend auf und ab schritt; es war ein großartiges Schauspiel, erst recht, wenn er mit der Faust auf den Altar schlug. Gewöhnlich kamen die Missionare zu zweit: Einer von ihnen war still und fromm, der andere grimmig und theatralisch. Das Ausmaß der Heißblütigkeit unterschied sich von Orden zu Orden, aber uns war die Feuer-und-Schwefel-Brigade am liebsten.

Während der Missionswoche herrschte in unserer Pfarrgemeinde ein Gefühl starker Zusammengehörigkeit. Wir hatten alle den gleichen Tagesablauf, da ja die Arbeiten auf dem Hof schon am frühen Abend erledigt sein mußten, so daß jeder zur Kirche gehen konnte. Wenn man zu spät kam, mußte man draußen stehenbleiben und verpaßte einen Teil des Spaßes, oder, was noch schlimmer war, der Missionar, der an dem Abend frei hatte, kam an die Hintertür und schob einen durch die Kirche, bis er einen Sitzplatz fand. Er gab vor, einem einen Gefallen zu tun, aber in Wirklichkeit wußte er genauso gut wie man selbst, daß es nicht so war.

Überall im Städtchen waren in den Hinterhöfen Ponykutschen festgemacht und Fahrräder gegen das Kirchengitter gelehnt. Kinder, die in der Nähe der Kirche wohnten, hatten einen Riesenspaß daran, sich die Räder der einsamen Junggesellen aus den Bergen, für die sich eine Kutsche nicht lohnte, zu schnappen und mit halsbrecherischer Geschwindigkeit den steilen Hügel hinunterzurasen.

An einer Seite des Kirchhofs, vor dem Eisengitter, war eine lange Reihe von Missionsständen, an denen Heiligenbildchen, Heiligenfiguren, Weihwasserbecken, Rosenkränze und eine große Auswahl von Medaillen, manche mit eingeschlossenen Reliquien, verkauft wurden. Es gab dort alles, wovon man glaubte, es könne die Frömmigkeit fördern, und die angebotenen Gegenstände waren von der Herkunft her international, aber natürlich nicht überkonfessionell. Wir prüften alles genüßlich und schmückten uns mit allem, was man sich anstecken oder umhängen konnte. Wir hängten uns braune und grüne Skapuliere um den Hals, und der Heilige Martin wetteiferte mit dem Heiligen Judas um den besten Platz auf unseren Strickwesten. Aber da der

Heilige Martin ein schwarzes Gesicht und ich so etwas nie zuvor gesehen hatte, fühlte ich mich für ihn verantwortlich, weil er sich vielleicht in der fremden Umgebung hätte verloren vorkommen können. Daher steckte ich mir sein Bild immer als erstes an. Der allgemeine Favorit war der Heilige Christophorus mit dem Jesuskind auf dem Rücken, vielleicht weil jeder spürte, daß er einen Christophorus brauchte, der ihn über die rauhen Abschnitte des Lebensweges hinwegtrug.

Die bunten Heiligenfiguren standen aufgereiht hoch oben auf den hinteren Regalen der Verkaufsstände. Wir studierten ihre unterschiedlichen Gesichtsausdrücke: die sanften, inständig bittenden Augen der Muttergottes; die dunklen, unergründlichen der Heiligen Theresia. Aber ich mochte das Prager Jesuskind mit seinem Engelsgesicht am liebsten, weil mir sein glücklicher Gesichtsausdruck gefiel. Verschiedene Figuren des Prager Jesuskinds kamen über die Jahre hinweg in unser Haus, aber sie verloren immer ihren Kopf, und wir glaubten die seltsamsten Dinge über dieses Jesuskind. Wir glaubten, daß es Glück brachte, wenn sein Kopf abfiel, daß es einen auffallenden Standort liebte, weil es nicht gern in den Hintergrund gedrängt werden wollte, und daß man es über Nacht nach draußen stellen mußte, wenn man sich schönes Wetter wünschte. Ich war der Meinung, daß sich alles logisch erklären ließ, und zwar in diesem Fall dadurch, daß sich das Jesuskind erkältete, wenn es über Nacht draußen war, und daher am nächsten Tag Sonne brauchte. Jedenfalls hatten all diese Vorstellungen und die damit verbundenen Geschichten die willkommene Wirkung, Farbe in die Mission zu bringen und unsere Begeisterung zu erhöhen.

Wie die meisten Kinder schwärmte ich für Ideale, und je höher sie waren, um so besser. So war die Volksmission für mich ein geistiges Großreinemachen, ein bißchen so, als ob man das Haus für die Hausmesse schön machte, nur daß das Haus aus den vier Wänden meiner Seele bestand. Mir blutete das Herz bei der Predigt über die Leidensgeschichte Christi, und ich litt mit Christus, der sein Kreuz die heiße, staubige Straße nach Golgatha hinauftrug. Mir tat die Heilige Maria so leid, die schwanger und müde in jener kalten Winternacht auf dem Esel nach Bethlehem ritt. Aber ich kam nicht mehr mit, als die Missionare zu den Sünden des Fleisches kamen und sich beredt über die Einzelheiten des sechsten und neunten Gebots ergingen. Das war alles so kompliziert, daß ich mich fragte, worüber sie um alles in der Welt eigentlich sprachen.

Eines Abends war ich von der Predigt voller Tiraden über die Sünden in der Ehe ganz fasziniert und zerbrach mir den Kopf darüber, wie solche Sünden wohl zustande gebracht werden konnten. Auf dem Rückweg nahmen wir eine Frau aus der Nachbarschaft in unserer Ponykutsche mit.

»Der Mann da«, erklärte sie, »will einem wohl jedes Vergnügen nehmen.«

Meine Mutter versuchte, an dieser Stelle das Thema zu wechseln, da sie ja von Kindern verschiedenen

Alters umringt war, die alle mit offenem Mund lauschten.

»Ja, du lieber Gott«, fuhr unsere Nachbarin ungeniert fort, »was haben denn Mick und ich sonst, um die langen Winternächte herumzubringen?« Sie warf ihren Kopf zurück und lachte herzhaft, schlug meinem Vater auf den Rücken, aber zu diesem Zeitpunkt war meine Mutter entschlossen, daß es endgültig genug war, und lenkte die Unterhaltung energisch in eine andere Richtung.

Die Volksmission dauerte eine Woche und bedeutete für jeden von uns etwas anderes. Meine Freundin Ann saß die ganze Woche in der vordersten Reihe auf der Empore und übte sich darin, auf die Glatzen der Männer unten zu spucken. Einmal war mein Vater das Opfer ihrer Treffsicherheit und drohte, ihr werde das Spucken schon noch vergehen, wenn sie es noch einmal versuchen sollte: Bei nassen Beleidigungen, die auf seiner Glatze landeten, kannte mein Vater keine christliche Nachsicht.

Ann steckte voller origineller Ideen, wie man das Leben interessanter machen könnte. Zum geistigen Großreinemachen während der Volksmission gehörte auch das Beichten, und vor den Beichtstühlen bildeten sich dann lange Schlangen. Für uns Kinder gab es einen eigenen Beichttermin, und als der Missionar einmal zu spät kam, beschloß meine Freundin, es müsse etwas getan werden, um uns die Zeit zu vertreiben. Sie schickte einen Wachposten an die Tür und setzte sich selbst in den Beichtstuhl, um uns die Beichte abzunehmen. Wir gingen abwechselnd auf beiden Seiten hinein und erzählten die fürcherlichsten Sünden, die uns einfielen. Auf einmal hörten wir einen Warnruf von der Tür und liefen alle schnell auseinander – alle, bis auf das Mädchen auf der rechten Seite des Beichtstuhls, das, weil es am weitesten von der Tür entfernt war und weil der schwere Flanellstoff im Beichtstuhl den Schall schluckte, nicht gemerkt hatte, daß der Missionar Ann abgelöst hatte. Als das Gitter im Beichtstuhl zur Seite geschoben wurde, dachte sie im Dunkeln, ihr säße ihre Freundin gegenüber, und steckte dem Missionar einen Finger ins Auge. An dem Tag entdeckten wir, daß auch Kirchenmänner durchaus in der Lage waren, Kraftausdrücke zu benutzen.

Die Volksmission ging mit einem großen Finale zu Ende. Es fand am Sonntagabend statt, nachdem die Kühe gemolken, die Kälber und Schweine gefüttert und der damit verbundene Stallgeruch abgewaschen worden war. Wir gingen alle zur Kirche, wo Frauen mit riesigen Paketen beladen eintrafen, als hätten sie gerade ihre Weihnachtseinkäufe erledigt. An den Ständen wurde jetzt ein glänzendes Geschäft gemacht, da heute die letzte Gelegenheit war, etwas zu bekommen und von den Missionaren segnen zu lassen.

Die Kirche war gerammelt voll, weil jeder, der nicht freiwillig zur Mission gekommen war, von einem der Missionare besucht und auf die Schnelle bekehrt worden war, so daß heute alle da waren bis auf jene, die wir für wirklich aussichtslose Fälle hielten. Das Mittelschiff, das für Männer reserviert war, platzte aus allen Nähten, und einige Beherzte hatten sich sogar in die Leichenhalle gewagt, die eigentlich für einzelne, liegende Gäste gedacht war, in der es jetzt aber nur Stehplätze gab. Die Beichtstühle waren ein gemütlicheres Quartier – zu gemütlich für einige, denn manchmal drang ein leises Schnarchen aus einem Beichtstuhl, wenn die Veranstaltung übermäßig lang wurde. Die für Frauen reservierten Seitenschiffe rechts und links vom Altar waren das reinste Farbenmeer, da viele fromme Frauen ihre Begeisterung für die Mission mit einem neuen Hut oder manchmal einer ganz neuen Garderobe krönten. Die Geschlechtertrennung erstreckte sich nicht auf die drei Emporen, deren Stufen und Bänke voller Menschen waren. Wer nicht so sehr für die Mission schwärmte, flüchtete sich auf den Emporenaufgang, und es kam durchaus vor, daß Leute ganz unauffällig miteinander Karten spielten.

In glänzenden Messingleuchtern brannten Dutzende langer Kerzen, deren schwerer Wachsduft sich mit dem aromatischen Weihrauch aus dem hin und her geschwenkten Weihrauchfaß vermengte. Lange Reihen von Meßdienern in leuchtend roten Gewändern umgaben die beiden Missionare in ihren zusammengerafften weißen Chorröcken. Kinder drängten sich in den Seitenschiffen und saßen vor dem Altargitter, während die Kirche von den Orgelklängen und lateinischen Hymnen des Chores erschallte. Wir beteten den

Rosenkranz und hörten eine buntgemischte Predigt, die jedes Thema der vergangenen Woche noch einmal aufgriff, und dann erneuerten wir unser Taufgelübde, wobei jeder eine brennende Kerze in der Hand hielt. Wir ertränkten den Teufel im Weihwasser, begruben ihn im Kerzenwachs und jagten ihn in die Hölle zurück.

Verrückte Heilige

Eines Abends, als mein Vater und meine Mutter bei der Volksmission waren, wurde unser Küchenfenster eingeschlagen. Niemand sah, wie es geschah, und niemand im Haus war schuld daran. Daß man es sich nicht erklären konnte, regte meinen Vater mehr auf, als wenn es einen Schuldigen gegeben hätte, auf den er seinen Ärger hätte abladen können. Was die Sache noch schlimmer machte, war, daß er wegen der Mission sowieso schon schlechtgelaunt war, weil sie von ihm verlangte, um des lieben Friedens willen den Mund zu halten. Und das fand er schwer zu befolgen. Er ging zwar zu den Missionspredigten und hörte auch zu, aber die bissigen und scharfen Bemerkungen, die ihm gelegentlich entschlüpften, zeigten uns, daß er nicht allzu beeindruckt davon war, und nur weil meine Mutter die Mission so ernst nahm, äußerte er seine Meinung nicht noch deutlicher.

Regentage, an denen man nicht draußen auf dem Hof arbeiten konnte, wurden mit Reparaturen und Instandhaltungsarbeiten im Haus verbracht. So regnete es, als er mit einer großen neuen Glasscheibe, die in triefend nasses Zeitungspapier gewickelt war, von der Molkerei nach Hause kam. Er lehnte die Scheibe vorsichtig gegen den Küchenschrank und stieß dabei lange und wortreiche Drohungen gegen jeden aus, der es wagen würde, sich im Umkreis von einer halben

Meile der Scheibe zu nähern. Nachdem er uns alle über den Ernst und die Schwierigkeit der bevorstehenden Arbeit belehrt hatte, machte er sich daran, die zerbrochene Scheibe zu entfernen.

Unser alter Freund Bill saß am Kamin mit ein paar von uns Kindern auf jedem Knie und erzählte uns lustige Geschichten, während unsere beiden Hirtenhunde ausgestreckt vor dem offenen Feuer lagen und sich trockneten. Normalerweise war dieser Luxus den Hunden verwehrt, aber weil meine Mutter am Morgen zur Volksmission gegangen und offenbar aufgehalten worden war, hatten wir ihre Abwesenheit ausgenutzt und die Hunde hereingelassen. Der Anblick des vergnügten Bill, der Hunde und der Schar von lärmenden Kindern, die aus der Küche ein Irrenhaus machten, war nicht gerade dazu angetan, die angespannten Nerven meines Vaters zu beruhigen. Wir sagten meiner Mutter immer wieder, sie hätte lieber Bill heiraten sollen, weil wir dann alles hätten tun dürfen, was wir wollten. Weil Bill nichts vom Arbeiten hielt, lautete die Antwort meines Vaters jedesmal: »Dann wärt ihr alle längst verhungert.«

Sorgfältig entfernte er die zerbrochene Scheibe aus dem unteren Fensterrahmen, wie er es schon so oft getan hatte, weil sich gerade diese Scheibe genau in unserer Schußlinie befand. Nun hielten wir uns von diesem Teil der Küche fern, um ein Unglück zu verhindern. Alles ging soweit ruhig vonstatten, und nachdem mein Vater das Glas herausgenommen hatte, knetete er den

Fensterkitt mit den Händen, was eine beruhigende Wirkung auf ihn zu haben schien.

Ein Regentag auf dem Land eignete sich für Besuche bei den Nachbarn und ließ rastlose Geister sich auf Wanderschaft begeben. So konnte man sich immer darauf verlassen, daß Dan an einem solchen Tag bei uns auftauchte. Da er Anklopfen für eine unnötige Formalität hielt, spazierte er einfach zur Tür herein, wie gewöhnlich begleitet von seinem riesigen Mischling, einem Tier mit einem derart bunten Stammbaum, daß es kaum noch die Bezeichnung Hund verdiente. Unsere eigenen Hunde behandelten diesen lächerlichen Köter normalerweise mit Verachtung und ignorierten ihn vollständig. Aber zu sehen, wie er in das Heiligtum der Küche hineintrottete, wo selbst sie sich nur selten vor dem Feuer ausstrecken durften, war mehr, als sie ertragen konnten. Sie griffen blitzschnell an und jagten dann in einem wilden, knurrenden Knäuel aus Beinen, Köpfen und Schwänzen durch die Küche und warfen alles um, was ihnen im Weg war, einschließlich der von meinem Vater so sorgfältig angelehnten Fensterscheibe. Sie zersplitterte und regnete in tausend Scherben auf den Boden herab, wie ein Schauer aus gläsernen Tropfen.

Wenn Hunde kämpfen, sollte man nicht mit den Händen oder dem Körper dazwischen fahren, aber Zorn zerstreut alle Vorsicht, und mein Vater beförderte mit ein paar gezielten Tritten seiner kräftigen Lederstiefel die raufenden Hunde durch das scheibenlose Fenster. In die Überreste dieses Tumults platzte meine Mutter, die gerade von der Mission kam. Sie war so durchdrungen von religiösem Eifer, daß sie unsere Lage nicht erfaßte. Ohne sich auch nur die Zeit zu nehmen, den Mantel auszuziehen, verkündete sie mit einer gebannten und verwunderten Stimme: »Der Missionsprediger hat heute morgen etwas Seltsames gesagt: Wenn unsere Dummheit und unsere Verrücktheit uns nicht retten würden, wären wir alle verloren.«

»Wenn das so ist«, polterte mein Vater, »besteht für uns keine Gefahr, denn wenn man dumm und verrückt sein muß, um erlöst zu werden, dann wimmelt es hier von Heiligen.« Er griff nach seiner Mütze, ging zur Tür und sagte: »Wirklich, Frau, du stehst auf heiligem Boden.«

Das ewige Licht

Die große offene Feuerstelle, die ein ganzes Ende der Küche einnahm, war der Mittelpunkt unseres Familienlebens und all unserer Zusammenkünfte.

Auf dem Boden der Feuerstelle war ein tiefes Aschenloch, das mit einem Eisenrost abgedeckt war, und eine unterirdische Röhre führte von diesem Loch zu einem eisernen Blasebalg, der rechts neben dem Feuer stand. Derjenige, der auf dem bequemen Stuhl mit Strohsitz neben dem Feuer saß, konnte den Schwengel des Blasebalgs drehen und so Luft durch die Röhre und damit unter das Feuer leiten. Je schneller sich das Rad drehte, um so heller flackerte das Feuer, aber wenn man zu kräftig drehte, konnte der Riemen vom Rad abrutschen und den ganzen Vorgang zum Stillstand bringen.

Wir Kinder haßten es, diese lästige Arbeit aufgehalst zu bekommen. Wenn der Blasebalg aus dem Takt gekommen war, rutschte der Riemen immer wieder ab und konnte einen zur Verzweiflung treiben; ja, einem unserer Nachbarn, der nicht gerade für seine Geduld bekannt war, ging diese Arbeit so auf die Nerven, daß er mit einem Vorschlaghammer seinen Blasebalg in tausend Stücke schlug.

Über dem Feuer war ein riesiger Rauchfang, der an beiden Seiten etwas breiter als das Feuer war, und wenn man sich über den Blasebalg beugte und nach oben blickte, konnte man den Himmel sehen. Kleinere Kamine aus anderen Zimmern mündeten in den Schornstein, der bis zum Dachgiebel führte, wie Nebenflüsse, die in einen breiten Strom mündeten. Unmittelbar hinter der Feuerstelle war die Wand vom jahrelangen Rauch geschwärzt, aber rechts und links davon war der Kamineinsatz strahlend weiß, weil er jeden Samstag gekalkt wurde.

Eine Art schwarzer, eiserner Galgen stand links neben der Feuerstelle. Von der Mitte seines langen, waagerechten Arms hing eine Stange herab, die in einen Haken auslief. Daran waren Halter befestigt, an denen man die verschiedenen Töpfe und Kessel über das Feuer hängte. Den Galgen konnte man mit einem langen Griff, an dessen Ende ein gebogener Knauf saß, bewegen. Die Topfhalter waren in der Höhe verstellbar, und der ganze Galgen, der auf einem Drehring stand, konnte nach vorne und damit vom Feuer weggezogen werden.

Zwei schwere Eisenkessel dienten zum Wasserkochen: Der größere war für uns stets der »Teekessel«, während der andere für weniger bedeutende Zwecke vorgesehen war. Wenn das Wasser im Kessel zu kochen begann, hüpfte der Deckel auf und nieder und gab ein pfeifendes Geräusch von sich. Wir riefen dann unserer Mutter zu: »Der Kessel singt!«

Sie war sehr penibel, was das Teekochen betraf: Sie glaubte niemandem ohne weiteres, daß das Wasser wirklich kochte; sie mußte es selbst sehen. Wenn sie den Tee aufgegossen hatte, stellte sie ihn zum Ziehen auf ein paar rotglühende Kohlen.

Außer den beiden Kesseln gab es noch zwei dreibeinige Eisentöpfe. In dem größeren kochten wir die Kartoffeln, im kleineren Fleisch und Gemüse. Sie waren am Galgen mit Ketten aufgehängt, die unten mit eisernen Ösen am hervorstehenden oberen Topfrand befestigt waren. Die Töpfe hatten schwere Eisendeckel mit einem Griff. War der Deckel zu heiß zum Abnehmen, nahm man manchmal die lange Eisenzange, die einen vor Verbrühungen und Verbrennungen bewahrte.

Diese beiden Töpfe wurden jeden Tag benutzt, aber sie hatten noch einen größeren Bruder, der montags zum Wäschewaschen und samstags zum Baden diente. Das Baby der Topffamilie war der Stieltopf, in dem der Haferschleim über Nacht am Feuer köchelte.

Ein weiteres Mitglied der Topffamilie war der Brottopf, der nur ein Drittel so hoch wie die anderen war und senkrechte Wände hatte. Ich fand seine Form weniger interessant, weil er nicht die üppigen Rundungen hatte, die den Ausdruck »Ein Bauch wie ein Topf« geprägt hatten. Aber er spielte in unserem Haus eine bedeutende Rolle, da er zum Brotbacken verwendet wurde. Wenn er gut vorgewärmt war, wurde er eingefettet oder mit Mehl bestäubt, und ein großes, rundes Stück Teig wurde hineingelegt. Der Deckel wurde fest geschlossen, um Asche und heißen Torfstaub fernzuhalten, und dann kam ein Ring rotglühender Kohlen darauf.

Da meine Mutter ein Nachtmensch war, verließ sie gewöhnlich als letzte die Küche, und so war sie es meist, die das Feuer nicht ausgehen ließ. Sie schob die Glut mit dem Schürhaken auseinander, legte die rotglühenden Kohlen auf die Seite und deckte sie mit heißer Asche zu. Ohne einen Luftzug brannten die glühenden Kohlen nicht auf, hielten aber den »Kern« des Feuers am Leben und glühten auch am Morgen noch.

Der erste, der morgens auf war, nahm den Rost vom Aschenloch herunter und holte die Asche mit einer gesprungenen Tasse heraus, was einen dumpfen, hohlen Ton machte, wenn die Tasse über die Feuerziegel schabte. Dann vergewisserte man sich, daß die kleine unterirdische Röhre, die zum Blasebalg führte, frei war. Nachdem man die noch warme Asche neben dem Feuer weggeharkt hatte, schob man die heißen Kohlen auf den Rost, den man wieder über das Loch gelegt hatte.

Das Brennmaterial, mit dem man das Feuer wieder entfachte, wurde gewöhnlich über Nacht in einer Kiste aufbewahrt, in sicherem Abstand vom Feuer, aber doch so nah, daß es in seiner Wärme trocknen konnte. Wir Kinder wurden oft rausgeschickt, um einen Armvoll »Stöckchen« oder »Wurzeln« zu sammeln. Damit war nicht das gemeint, was im Wörterbuch steht, sondern vielmehr das, was meine Mutter »Finger der Bäume« nannte. Wir zerbrachen sie über unseren Knien oder zerhackten sie mit einem Beil, um handlichere Stücke daraus zu machen.

Oben auf die Kohlen wurden zunächst trockene Heubüschel gelegt, dann »Stöckchen«, dann die Asche vom Vortag und schließlich in Stücke gebrochene Torfsoden. Danach wurde der Blasebalg vorsichtig in Bewegung gesetzt, um den »Kern« des Feuers zu entfachen. Wenn das Heu zu schwelen und schließlich zu brennen begann, verströmte es einen würzigen Duft, der die ganze Küche erfüllte. Wenn das Feuer brannte, wurden schwarze Torfsoden wie eine Ehrengarde um es herum aufgestellt, und bald züngelten die gelben Flammen am Torf empor. Dann wurde die Asche vom Vortag in einen ausgedienten Wassereimer aus Blech geschaufelt, und der Boden um die Feuerstelle wurde sauber ausgefegt. Das Feuer war fertig für einen neuen Tag.

Das gesamte Familienleben spielte sich vor dem Feuer ab, das Wärme spendete, auf dem man kochen konnte und das ein Ort der Gemeinschaft war, wo wir abends zusammensaßen, um zu plaudern oder zu lesen.

Mein Vater hatte seinen Stammplatz auf der rechten Seite des Feuers, neben dem Blasebalg, und es war seine Aufgabe, den Schwengel zu drehen, damit das Feuer weiterglühte. Hinter dem Blasebalg zirpte oft eine Grille und trug so auf ihre Weise zur Unterhaltung bei.

Links neben meinem Vater saß unter der Öllampe meine Mutter, meist mit Stopfen oder Flicken beschäftigt, denn es war ein beständiger Kampf, sechs Paar Fersen, Knie und Ellbogen daran zu hindern, sich durch die Kleider hindurchzubohren.

Auf der linken Seite des Feuers stand eine lange Holzbank, auf der wir Kinder nebeneinander saßen und mit den Beinen baumelten. Der Stuhl neben unserer Bank war für unseren nächsten Nachbarn und täglichen Besucher Bill bestimmt, die anderen Stühle für ältere Familienmitglieder oder andere Besucher aus der Nachbarschaft. Wenn der Kreis zu groß wurde und wir nicht genügend Stühle hatten, holten wir vom Küchentisch eine weitere Holzbank, auf der drei oder vier Leute sitzen konnten, je nachdem, wie breit sie waren.

Auch die Sauberkeit der Familie hing vom Feuer ab, weil jeden Samstagabend das Wasser in dem großen 90-Liter-Topf darauf kochte. Dann begann das Waschen einer bunten Schar kleiner Körper, an denen Schlamm, Gras, Erde, Heustaub und Spreu klebten – unser alltägliches, ländliches Eau de Cologne. Unsere Haare wurden gründlich gekämmt, um die Untermieter zu vertreiben, die sich damals häufig ansiedelten; denn wenn man das nicht regelmäßig tat, beanspruchten sie Gewohnheitsrecht und erwiesen sich als höchst unangenehme Bewohner.

Am Montagmorgen trat der große Topf wieder in Aktion, und zwar für das wöchentliche Wäschewaschen, das einen vollen Tag harter Arbeit bedeutete, weil es nicht leicht war, sich auf dem Land sauberzuhalten.

Vom Küchenfeuer nahmen wir die Glut, um die übrigen Feuerstellen im Haus zu entzünden. Eine große, zerbeulte Schaufel ohne Stiel wurde mit flackernden Kohlen gefüllt und mit schnellen Schritten ins Wohnzimmer getragen, gefolgt von einer dichten Rauchwolke. Die Schaufel wurde auch benutzt, um die Glut zu den Schlafzimmern im Obergeschoß zu tragen, und später lag ich dann im Bett, lauschte dem knisternden Feuer und beobachtete die Licht- und Schattengestalten, die auf den Wänden und der niedrigen Decke tanzten.

Das Küchenfeuer war der Mittelpunkt unseres Lebens, ein ewiges Licht, das niemals gelöscht wurde. Nur wenn Häuser endgültig verlassen wurden, durfte das Küchenfeuer sterben. Und wenn einer unserer Nachbarn ein neues Haus gebaut hatte, trug er die Glut in einem Eimer über den Hof vom alten Haus in das neue. Das Feuer war das Herz eines jeden Hauses, und die Glut wurde niemals ausgelöscht, solange noch Menschen in dem Haus lebten.

Waschtag

Bridgie war ein Koloß von einer Frau – was weniger ihre Größe als ihren Körperumfang betraf – und kam jeden Montag zum Waschen. Gewaltige Fettwülste waren in ihre marineblaue Kittelschürze eingezwängt, deren Bänder in tiefen Furchen verschwanden; Sicherheitsnadeln glitzerten reihenweise auf ihrem Busen wie Orden auf einer Soldatenbrust. Der Kittel mußte solch einem enormen Druck ihrer gewaltigen oberen Regionen standhalten, daß er nicht einmal bis zu den Knien reichte. Bridgie trug niemals Strümpfe, und ihre stämmigen Beine waren weder nach außen noch nach innen gerundet, sondern schienen ganz gerade in ihre Männerstiefel gegossen worden zu sein. Ihr viel zu enger Pullover bedeckte gerade noch die Ellbogen; darunter brachten große Hände alles und jeden in ihrer Umgebung unter ihre Kontrolle, und oft packte sie mich am Genick, um mich aus dem Weg zu schaffen. Ihre Haare, die ihren Kopf nur unvollkommen bedeckten, trotzten allen Bändigungsversuchen und standen wie Stroh ab. Durch ihre Angewohnheit, sie regelmäßig mit kaltem Tee zu spülen, hatten sie zudem eine Vielzahl von Schattierungen angenommen.

Doch vor allem die Zähne unterschieden Bridgie von gewöhnlichen Sterblichen. Jeder Zahn wuchs, wie er wollte, ohne eine gemeinsame Richtung im Sinn zu haben, und der oberen Zahnreihe ging jegliches Zusammengehörigkeitsgefühl ab. Die Anordnung ihrer Zähne ermöglichte es Bridgie, etwas zustande zu bringen, was sonst unmöglich gewesen wäre. Sie war sowohl eine Quasselstrippe als auch eine Kettenraucherin und konnte sich eine Zigarette zwischen zwei Zähne im Oberkiefer klemmen und dabei ununterbrochen reden. Die Zigarette glimmte vor sich hin, bis Bridgie sich an sie erinnerte und ihr neues Leben einhauchte, indem sie einen gewaltigen Zug machte. Manchmal jedoch vergaß sie die geparkte Zigarette und zündete eine andere an. Dann hüpften wir um sie herum und schrien vor Vergnügen: »Bridgie, Bridgie, bei dir brennen zwei Kamine!« Als Antwort schnaubte sie nur verärgert: »Scheiße!« und schleuderte die alte Kippe ins Feuer. Meine Mutter verbot uns, Bridgies derben Wortschatz zu benutzen, aber sie wagte es nicht, Bridgies eigenen eindrucksvollen Redefluß einzudämmen, denn das Beben ihres Zorns konnte das Haus bis in seine Grundfesten erschüttern.

Früh am Montagmorgen wurde der große 90-Liter-Topf über das Feuer gehängt und mit Wasser gefüllt, und wenn Bridgie kam, schickte er schon Dampfzeichen den Schornstein hinauf. Die verschiedenen Jahreszeiten hatten keinerlei Einfluß auf ihre Garderobe, und das einzige Zugeständnis, das sie an extreme Kälte machte, war, ein Paar handgestrickte graue Socken anzuziehen, die sie über die Ränder ihrer schwarzen Stiefel schlug. Sie hängte sich einen abgetragenen Tweedmantel über die Schultern, der noch kürzer war als der

Kittel und daher nur wenig Schutz bot; aber sie war überzeugt, daß »nur die zu Dünnen und die zu Faulen frieren«.

Wenn sie kam, machte sie als erstes eine Kanne schwarzen Tee und rauchte einen Glimmstengel, bevor sie mit der Arbeit begann und die Wäsche in verschiedene Haufen sortierte. Während sie das tat, gab sie laufend Kommentare zu den Kleidungsstücken ab – die sich jedoch ebenso gut auf deren Besitzer beziehen konnten. Wenn sie etwa eine besonders schmutzige Hose herausfischte, rief sie: »Bah, du altes Dreckschwein!« Und wenn sie zur weißen Wäsche gelangt war, hielt sie manchmal ein Nachthemd hoch und schimpfte: »Du kleiner Schlingel, dich hätte man ruhig noch ein paarmal anziehen können.«

Sie schnappte sich einen der robusten Holzstühle mit Strohsitz und warf ihn auf seine »Vorderbeine«, so daß seine Lehne fest gegen den Tisch gedrückt war. Dann hob sie den großen hölzernen Waschbottich auf den Rücken des Stuhls. Manchmal stellte sie zwei Stühle einander gegenüber und setzte den Bottich auf die beiden Sitzflächen. Mit einem kleinen Blecheimer schöpfte sie dampfend heißes Wasser aus dem schwarzen Topf in einen großen Eiseneimer, den sie quer durch die Küche trug und in den Bottich ausleerte. Dann goß sie kaltes Wasser dazu. Dies holte sie mit einem Eimer vom Bach ganz hinten im Garten, wo Wasser durch ein Rohr floß, was wir »den Springbrunnen« nannten. Wenn sich Bridgie überzeugt hatte, daß die Temperatur richtig war, band sie ihre Sackleinenschürze um und nahm die Wäsche in Angriff. Sie packte einen Haufen, warf ihn in den Bottich und drückte die Kleider mit den Füßen des hölzernen Waschbretts ins Wasser. Sie gab sich nicht damit zufrieden, die Wäsche nur zu waschen, sondern verdrosch sie regelrecht, walkte sie auf dem geriffelten Waschbrett durch und rieb sie mit einem großen Stück roter oder weißer Kernseife ein. Dann scheuerte sie wie besessen jedes garstige Kleidungsstück. Und bei der Arbeit erzählte, sang oder fluchte sie, je nachdem, in welcher Stimmung sie gerade war.

Während Bridgie die Kleider auf dem geriffelten Waschbrett wusch, war sie in Dampfwolken gehüllt, und ihre glühende Zigarette war wie ein Leuchtfeuer in der dunstigen Küche. Bridgie wrang die Kleider mit den Händen aus, spülte sie mit Wasser nach und wrang sie nochmals. Inzwischen wurde der Topf auf dem Feuer immer wieder mit Wasser gefüllt und erhitzt, während sich die gewaschene Wäsche immer höher auf dem Tisch auftürmte. Bettlaken und weiße Wäsche wurden zum Schluß noch mit Waschblau – einem kleinen runden festen Block in einem Musselinsäckchen – nachgespült, um ihnen einen blauweißen Schimmer zu geben.

Der Waschtag nahm die ganze Küche in Beschlag und erfüllte sie mit einem Seifen- und Dampfgeruch. Manchmal wurde ein Teil der weißen Wäsche in dem großen, schwarzen Topf gekocht, und wenn sie mit einem Besenstiel herausgeholt wurde, stiegen Dampfschwaden auf und machten die Küche zu einer nebligen Gefahrenzone, aus der Bridgie Kinder und Männer verbannte, weil sie beide Menschensorten für nicht intelligent genug hielt, der Gefahr zu entgehen, bei lebendigem Leibe gekocht zu werden. Uns bot die Küche zu diesem Zeitpunkt das Vergnügen, barfuß im reichlich vorhandenen Wasser herumzuplanschen, aber Bridgie verscheuchte uns stets und rief: »Geht mir aus dem Weg, oder ich pack' euch beim Arschhaken und häng' euch mit der Wäsche auf die Leine!« Ihre Kenntnisse der menschlichen Anatomie waren für uns manchmal Anlaß, unsere Mutter nach der Bedeutung neuer Wörter auszufragen, und ihr fiel es nicht immer leicht, uns alles zu erklären.

Wenn der Frühsommer kam, hatte Bridgie eine Beschäftigung für uns: Wir durften Knetmaschine spielen und barfuß auf den Bettdecken herumtanzen, wenn sie diese in lauwarmem Wasser im Bottich wusch. Die schweren Foxford- und Dripsey-Bettdecken boten manch einem Floh ein gemütliches Zuhause, bis das scheußlich riechende gelbe Puder der Marke Keating's seiner Hüpferei ein Ende machte. Bridgie erklärte die Abstammung der Flöhe so, daß »Adam sie schon hatte«; und sie brachte uns ein kleines Liedchen bei, das wir gemeinsam sangen, während wir im Bottich voll warmer, seifiger Bettdecken herumtanzten:

Auf jedem großen Floh,
da sitzt ein kleiner Floh

wie ein kleiner Reiter
und beißt ihn froh und heiter.
Auf jedem kleinen Floh
sitzt ein noch kleinrer Floh,
und so geht's immer weiter.

Im Sommer wurde draußen im Garten neben dem »Springbrunnen« gewaschen, wo es kaltes Wasser im Überfluß gab, und dann mußte das heiße Wasser aus der Küche geholt werden. Bridgie verbot uns, zu nah an den Waschbottich zu kommen, wenn er voll Wasser war, aber wenn sie nicht hinsah, spielten wir im Bottich ein Spiel, das wir »Schiffchen fahr über den See« nannten: Wir ließen zwei kleine Stöckchen auf dem Wasser im Bottich treiben, und diejenige gewann, deren Stöckchen als erstes an der anderen Seite ankam. Einmal, als Bridgie in der Küche war, beugten meine Schwester Clare und ich uns über den Bottich, um unsere Wettkämpfer anzufeuern. Plötzlich verlor Clare das Gleichgewicht und fiel kopfüber ins Wasser, so daß die Beine über dem Rand des Bottichs in der Luft strampelten. Ich war so entsetzt, daß ich, als ich meinen Mund zum Schreien öffnete, keinen Ton herausbrachte. Ich rannte zur Küche, und als Bridgie mein kreidebleiches Gesicht sah, lief sie sofort zum Bottich. Sie fluchte und betete gleichzeitig, während sie ihren gewaltigen Körper, so schnell es ging, durch den Garten manövrierte. Am Bottich angekommen, zog sie Clare sofort heraus, die eine Weile hustete und Wasser spuckte, sich aber bald erholte. Noch Wochen nach diesem Zwischenfall hielt uns Bridgie stets in sicherem Abstand von ihrem Bottich und warnte uns: »Kommt mir nur ja nicht näher, als man einen Esel schreien hören kann, ihr verfluchten kleinen Gören!«

Doch mit der Zeit verzieh sie uns den Schrecken, den wir ihr eingejagt hatten, und ließ uns wieder näher an ihren Bottich heran, wo wir die Seifenblasen und deren zarte Farben betrachten konnten.

Manchmal gab uns Bridgie einen Emaillekrug mit warmem Seifenwasser. Dann brachen wir ein kleines Stöckchen von einem Holunderzweig im Wäldchen ab, höhlten es aus, um ein Röhrchen daraus zu machen, steckten es in den Krug und pusteten, bis dieser ganz voll Seifenblasen war. Wir setzten uns ins warme Gras, bliesen die Seifenblasen in die Luft und sahen zu, wie sie in wunderbaren, durchsichtigen Farben davonschwebten und sich in Nichts auflösten.

Mich faszinierten Farben, und so beobachtete ich einmal gebannt eine Wespe, die sich auf dem Rand des Bottichs niedergelassen hatte. Ich bewunderte ihre leuchtend gelben Streifen, die einen lebhaften Kontrast zum dunkelbraunen Holz des Bottichs bildeten. Leider begnügte ich mich nicht damit, ihr zuzusehen, sondern streckte meinen Finger aus, um zu prüfen, ob die Wespe echt war, und sie bewies ganz eindeutig, daß sie es war.

Wenn die Decken gewaschen waren, wandte sich Bridgie den anderen Bestandteilen der Betten zu. Auf den Sprungfedern lag die Roßhaarmatratze und das Plumeau, das mit Federn und Daunen unseres Geflügels gefüllt war. Sowohl die Matratzen als auch die Plumeaus warf sie aus den Schlafzimmerfenstern oder die Treppe hinunter, und dann breitete sie sie über die Hekken im Garten aus, damit sie sich »ordentlich mit Sonne vollsaugen« konnten. Sie schnappte sich meinen Vater, der ihr helfen mußte, die Sprungfedern zu dehnen. Diese Maßnahme war von größter Wichtigkeit, weil durchhängende Federn schlecht für den Rücken waren und aus dem eisernen Bettrahmen herausrutschen und den ahnungslosen Schläfer mit dem Kopf auf den Boden und den Füßen in die Luft katapultieren konnten.

Die gefütterten, farbenfrohen Patchworkdecken ließen Bridgies romantische Seite zum Vorschein kommen. Sie wusch sie mit Seife und Wasser und mit liebevoller Bewunderung der stundenlangen konzentrierten Arbeit, durch die sie entstanden waren. Doch die schweren Spitzendecken offenbarten Bridgies beste Seite. Diese Decken waren nicht für gewöhnliche Schläfer vorgesehen, sondern für Flitterwochen, Geburten und Sterbebetten reserviert, denn die prachtvolle Spitze eignete sich dazu, die bedeutendsten Ereignisse im Leben zu schmücken. Bei Bridgie wurde aus dem Waschen einer solch besonderen Bettdecke eine wirkliche Andacht: Sie fuhr mit den Fingern sanft über das kunstvolle Muster und sprach leise auf das Familienerbstück ein: »Was für eine Schönheit! Wie viele hast du gezeugt? Wie viele hast du geboren? Wie viele hast du begraben? Alles Leben vom Anfang bis zum Ende hast du begleitet.« Wenn sie die Spitzendecke wusch, wurde sie ein anderer Mensch, und ihr Gesicht leuchtete vor Freude auf.

Sie spülte diese Decke mit klarem Wasser nach, wrang sie sanft aus und brachte sie dann zu der kleinen Wiese unterhalb des Hauses, wo sie sie auf dem jungen Gras und den Wildblumen ausbreitete. Die übrige Wäsche hängte sie auf die Wäscheleine oder über die Hecken, aber der Spitzenbettdecke wurde eine besondere Behandlung zuteil. Schließlich holte Bridgie sie herein und faltete sie sorgfältig, legte Mottenkugeln in die Falten, wickelte die Decke in Seidenpapier und legte sie dann in die alte Truhe, in der meine Mutter Familienschätze aufbewahrte.

An Tagen, an denen sie mit dem Waschen früh fertig war, schöpfte Bridgie Eimer voll warmer Seifenlauge aus dem Waschbottich und schrubbte die Schlafzimmer im Obergeschoß. Zuletzt schüttete sie den Holzbottich auf dem Küchenboden aus und schrubbte die Küche sauber. Von Anfang bis Ende war alles schwere Arbeit, aber Bridgie war hinterher noch genauso munter wie vorher. Niemand sagte ihr, was sie zu tun hatte; sie arbeitete nach ihrem eigenen Plan und behandelte unser Haus und unsere Wäsche so, als ob sie ihre eigenen wären.

Wenn sie fertig war, trank sie mit meiner Mutter am Küchentisch Tee und ließ sich über all ihre Familienprobleme aus. Ihr Mann war ihrer Meinung nach eine allzu durstige Seele, und daher verpaßte sie ihm ab und zu »'ne ordentliche Tracht Prügel«, wenn sie es für nötig hielt, ihm »ein bißchen Vernunft einzubläuen«. Aber was sie an ihrem Leben am meisten bedauerte, war, daß sie zwar vier Töchter, aber keinen Sohn hatte. Wenn sie nach getaner Arbeit dasaß, den Tee in ihrer Tasse schwenkte und an ihrer Kippe paffte, klagte sie: »Vier Kinder, gute Frau, aber nicht ein kleines Pipimännchen in meinem Haus.« Das war einer ihrer vielen Ausdrücke, die mich verwirrten, als ich sie zum erstenmal hörte, und die meine Mutter mir dann erklären mußte.

Etwas, was sich bei Bridgie nie änderte, war ihre Verabschiedung von uns Kindern. Wenn sie zur Tür hinausging, rief sie uns zu: »Ich komm' am Montag wieder, Gören – immer montags.«

Wintermärsche

Die lästigsten Pflichten draußen schienen immer ausgerechnet an kalten, schneeverhangenen Wintertagen fällig zu sein – und es gab kaum eine unangenehmere Arbeit, als die Truthenne zum Hahn oder eine Batterie zum Aufladen in die Stadt zu bringen.

Die beiden Batterien, die unser großes braunes Kofferradio brauchte, ähnelten ihren zierlichen Nachfahren von heute nur wenig. Zunächst einmal war die eine trocken und die andere naß, und beide waren riesengroß und mit Säure gefüllt. Das Radio selbst stand im hinteren Küchenfenster, und da die Küchenwände fast einen Meter dick waren, bot der Fenstersims genügend Platz sowohl für das Radio als auch für die beiden dahinterstehenden Batterien. Drähte mit kleinen Messingklemmen, die unter die schwarzen und roten Kontakte auf der Oberseite der Batterien paßten, verbanden diese mit dem Radio. Immer wieder bildete sich an der Verbindungsstelle ein grüner Belag, den mein Vater dann mit seinem Taschenmesser abkratzte, bis die Messingspitze wieder glänzte. Die trockene Batterie hielt lange vor, aber die nasse mußte häufiger aufgeladen werden, je nachdem, wie oft das Radio benutzt wurde, und kaum ein Tag verging, an dem nicht eins von uns Kindern zu hören bekam: »Mach das Radio aus, sonst sind gleich die Batterien wieder leer!«

Einmal kam mein Vater an einem kalten Januartag herein, nachdem er den Schafen unten am Fluß Heu gebracht hatte, rieb sich die Hände, damit sie besser durchblutet wurden, und ging geradewegs zum Radio, denn er hatte es wie immer so eingerichtet, daß er mit der Morgenarbeit fertig war, wenn die Nachrichten entweder im irischen Rundfunk oder bei der BBC kamen. Aber heute hatte eine schwache Batterie Radio Eireann auf Flüsterlautstärke gedämpft, und die BBC-Nachrichten hatten sich gänzlich im Äther über der Irischen See verloren.

Im Sommer konnten Batterien, die aufgeladen werden mußten, mit dem Milchwagen in die Stadt gebracht werden, aber im Winter, wenn die Kühe Urlaub machten, fuhr der Wagen die Strecke nicht mehr, und so wurde ich nun in die Stadt geschickt.

Ich war dick eingepackt und hielt die schwere Glasbatterie mit eiskalten Fingern krampfhaft fest. Ein Paar Fausthandschuhe aus Pelz, die mir meine Patentante aus Amerika geschickt hatte, milderten den Druck des Batteriegriffs ein wenig, aber dennoch trug ich die Batterie ständig abwechselnd mit der rechten und der linken Hand, damit das Tragen weniger anstrengend war. Manchmal legte ich eine Pause ein, und dort, wo der Schnee liegengeblieben war, erforschte ich die Vogel- und Kaninchenspuren entlang der Hecken. Tiere, deren Färbung sich normalerweise kaum von ihrer Umwelt abhob, bildeten nun einen lebhaften Kontrast zum Schnee, und mein Fußmarsch dauerte stets länger als eigentlich nötig, weil es auf dem Weg so viel Ablenkung gab.

Wenn ich in der Stadt ankam, ging ich geradewegs zu Jims Pub, wo man, neben vielen anderen Dingen, auch Batterien aufladen lassen konnte. In der Mitte der langen Theke stand ein großer brauner Schrank, in dem Batterien aufgeladen wurden und dabei im Einklang mit den Geräuschen um sie herum zischten und surrten. Alte Männer saßen spuckend und debattierend vor dem Feuer, und auf den hohen Regalen glänzten Flaschen mit bernsteinfarbener Flüssigkeit warm im Licht des Kaminfeuers. Wenn mich einer der Gäste erkannte, wurde ich herübergerufen, durfte mich zum Aufwärmen ans Feuer setzen und bekam ein Glas sprudelnde Limonade.

Es gab jedoch einen alten Mann, vor dem man sicheren Abstand halten mußte. Man hatte ihm den Spitznamen »Grabscher« gegeben, weil er den Hang hatte, nach jedem weiblichen Wesen von acht bis achtzig Jahren, das in seine Reichweite kam, zu grabschen. Er war klein und ertrank fast in seinem Paar riesiger Gummistiefel, die bis über seine Knie reichten. Bei ihm wechselten Phasen völligen Schweigens unvermittelt mit hitzigen Wortgefechten, doch abgesehen von seinem gelegentlichen Grabschen nach einem vorbeigehenden weiblichen Wesen war er harmlos.

Ich mochte den Geruch von Porter und Whiskey und ganz besonders all die verschiedenen Tabakdüfte, die von den alten Männern ausgingen, die auf den unterschiedlichsten geraden und riesigen, gebogenen Tonpfeifen herumkauten. Manchmal stand einer der alten Männer in einer Anwandlung alkoholisierter Ausgelassenheit auf und wagte ein kleines Tänzchen, so daß ihm einer seiner guten Freunde sagte, er habe »das Zeug zu einem großen Tänzer«, ein anderer dagegen, er solle sich »hinsetzen und ein bißchen Vernunft annehmen«.

Nachdem ich meine Limonade ausgetrunken hatte und dem »Grabscher« ausgewichen war, nahm ich eine voll aufgeladene Batterie anstelle meiner alten leeren mit und machte mich auf den Heimweg. Wenn ich Glück hatte, kam ein Nachbar mit einem Pferd und einem Wagen voller Mehlsäcke vorbei. Dann kletterte ich an den Radspeichen und über die Seitenwand hinauf und machte es mir zwischen den Säcken in der Mitte des Wagens gemütlich, während die Batterie sicher gegen die Seitenwand gelehnt war, für den Fall, daß sie undicht war.

Die Fahrt verkürzte den Heimweg, aber ich ließ mich immer vor Mrs. Caseys Haus absetzen, weil wir Kinder einfach nie aus der Stadt nach Hause kamen, ohne bei ihr vorbeizuschauen. Sie wärmte uns an manch kaltem Winterabend mit einer großen Schale voll dampfendem Arme-Ritter-Pudding wieder auf, vor allem aber mit ihrem herzlichen Empfang. Sie redete ihrem riesigen langhaarigen Hirtenhund Bran gut zu, seinen Platz am Feuer zu verlassen, damit ich mich in die Ecke neben den Blasebalg setzen konnte, wo ich vor jedem Luftzug geschützt war. Wenn ich den heißen Pudding gegessen hatte, gab sie mir starken, süßen Tee und ein gekochtes braunes Ei (von weißen Eiern hielt sie nichts) von den Hühnern mit dem roten Kamm, die ihren Hof bevölkerten. Durch ihre Güte gestärkt, kam ich bei Einbruch der Dunkelheit zu Hause an, und mein Vater atmete erleichtert auf, weil ich ihn vor der schrecklichen Aussicht eines radiolosen Abends bewahrt hatte.

Die Batterie wurde auf der Straße zur Stadt getragen, aber wenn man die Truthenne zum Hahn brachte, so war dies ein Querfeldeinmarathon. Normalerweise machte unser Truthahn diesen Marsch überflüssig, aber in einem Jahr beschloß der alte Junge, sich ein Sabbatjahr zu nehmen. Er bezahlte einen schrecklichen Preis für seinen erlahmten Geschlechtstrieb, denn meine Mutter drehte ihm prompt den Hals um, und wir verspeisten ihn am folgenden Sonntag. Dies löste jedoch nicht das Problem der Truthenne: Sie verlangte nach einem Truthahn und lag mit ausgebreiteten Flügeln und passiv nach vorne gestrecktem Hals auf dem Boden. »Die Truthenne liegt flach«, sagte meine Mutter, und wenn unser Truthahn nicht in der Lage war, das Nötige zu tun, so gab es ein paar Meilen weiter über die Felder einen Truthahn, der es konnte.

Die Truthenne wurde in einen groben, grauen Sack gesteckt, der oben zugebunden war, aber es wurde ein Loch gelassen, durch das die Henne ihren Kopf hinausstecken konnte, um Luft zu bekommen. Dann zogen meine Schwester Clare und ich mit unserer Gefangenen los. Ein Sack mit einer lebenden Truthenne darin ist ein unhandliches Paket, und so wechselten wir uns mit dem Tragen ab. Wenn man die Henne mit einem Arm fest umgriff, konnte man sie einigermaßen gut tragen, aber manchmal kamen ihre Beine in den Weg, und ihre langen Krallen bohrten sich in unsere Arme.

Als wir von zu Hause losgingen, hatte meine Mutter uns ermahnt, darauf zu achten, daß der Kopf immer aus dem Loch herausschaute, damit die Henne nicht erstickte. Das Problem war jedoch folgendes: Wenn sie ihren langen Hals herausstreckte, war sie durchaus imstande, zu probieren, wie die Wange oder der Finger eines Menschen schmeckten. Auch wenn sie dies mehr aus Neugier denn aus Bösartigkeit tat, linderte ihr Beweggrund nicht den Schmerz, und sobald wir unser Haus und meine Mutter ein Stück hinter uns gelassen hatten, schlossen wir der Truthenne ihr Tor zur Welt zu.

Während wir über die Felder gingen, erörterten wir das vielschichtige Thema Sex und Puten. Die Erde war mit hartem, gefrorenem Schnee bedeckt, und als wir zu einem Hügel kamen, rutschten wir den vereisten Abhang hinunter. Wir ließen die Truthenne, deren Kopf nun wieder befreit war und aus dem Sack herausguckte, allein, kletterten den Hügel nochmals hoch und rutschten immer wieder herunter, aber als es zu schneien begann, nahmen wir die Henne, machten ihr die Tür zu und gingen weiter.

Als wir durch einen Durchlaß auf ein Feld am Waldrand kamen, sahen wir unter dem strahlenden Weiß der schneebedeckten Bäume einen Fasanenhahn, der in seinem farbenfrohen, leuchtenden Federkleid prächtig aussah. Sein Gefieder war wunderschön, und er reckte seinen eleganten Hals, als wolle er uns fragen, was wir in seinem Revier zu suchen hätten. Er war in Begleitung zweier weniger farbenprächtiger Hennen, und bald kam ein weiterer Hahn hinter einer Gruppe schneebedeckter Büsche ganz in unserer Nähe hervor. Zusammen füllten sie das ganze kleine Feld aus, und wir hielten aus Angst, sie zu verscheuchen, den Atem an.

Plötzlich hatte Clare einen Geistesblitz. »Glaubst du«, flüsterte sie, »daß die Fasanenhähne das Problem unserer Truthenne lösen würden, wenn wir die Henne aus dem Sack ließen?« Doch bevor wir ihre Idee ausprobieren konnten, gab es ein plötzliches Geflatter, und alle Fasane verschwanden im Wald.

Das größte Hindernis, das wir auf unserem Weg überwinden mußten, war der Fluß; aber zum Glück war der Wasserstand niedrig, und wir balancierten von Stein zu Stein und gelangten so hinüber. Vorher hatten wir die Truthenne an das andere Ufer geworfen, wo sie mit lautem Protestgeschrei landete.

Als wir oben auf dem letzten Hügel unseres Weges standen, blickten wir auf das Tal zurück. Dort schritt ein großer gelbbrauner Fuchs in aller Ruhe unter den Bäumen umher.

»Der Bursche da«, sagte Clare, »würde alle Probleme unserer Truthenne lösen.« Wir holten ihren Kopf aus dem Loch im Sack hervor und ließen sie ihren Blick auf den Fuchs richten, der uns über den Fluß hinweg fragend ansah und dann in den Wald trottete.

Schließlich erreichten wir unser Ziel, und Mrs. Cleary nahm uns unsere Last ab. Während sie sich um das Bedürfnis der Truthenne kümmerte, gingen wir in die warme Küche, wo uns ihre Tochter, die ungefähr in unserem Alter war, Tee und selbstgebackene süße Brötchen gab. Während wir aßen und tranken, ging Clare zum hinteren Fenster der Küche, von wo aus man den Hof überblicken konnte, und lieferte uns laufend Kommentare über die Putenpaarung draußen.

Als sich Mrs. Cleary überzeugt hatte, daß alles vollbracht war, bekamen wir unsere Truthenne wieder und gingen über die schneebedeckten Felder zurück nach Hause, nun mit einem schnelleren Schritt als auf dem Hinweg, weil die Nacht hereinbrach und der Schnee in dichten Flocken fiel.

Mützchen

Bill brachte ihn spät an einem Winterabend mit: Er lag zusammengerollt in seiner Tweedmütze – winzig, schneeweiß, mit einem schwarzen Ohr und einem schwarzen Stummelschwanz. Noch nie hatte ich einen so kleinen Welpen gesehen. Ich streckte vorsichtig einen Finger aus, um zu prüfen, ob er wirklich lebendig war, und spürte sein seidenweiches Welpenfell; dann öffnete er ein schwarzes Auge mit einem goldenen Farbtupfer und sah zu mir hoch. Eine winzige Zunge, zart wie ein Blütenblatt, rollte sich um meinen Finger. Dann streckte er sich in Bills gemütlicher Mütze zu seiner vollen Länge aus, aber dennoch reichte er nicht von einer Seite zur anderen. Als er sich genug gereckt hatte, setzte er sich auf seine Miniaturhinterbeine und bellte einmal frech, und ich verliebte mich auf der Stelle in ihn. Bill gab ihn mir, und er war mein Hund. Ich nannte ihn Mützchen.

Etliche Hunde liefen auf unserem Bauernhof umher: fünf oder sechs Greyhounds, ein paar Hirtenhunde und ein schwarzer Jagdhund namens Blacky, der meinem Vater bei der Schnepfenjagd half. Nach der goldenen Regel meiner Mutter durfte keiner davon ins Haus, aber Mützchen brach diese Regel schon in der allerersten Nacht. Er sei zu klein, beteuerte ich, um draußen zu sein, und außerdem würden ihn die großen Hunde vielleicht angreifen. In der Nacht schlief er in einer Kiste voll Heu neben dem offenen Feuer, wo er noch viele Nächte verbringen sollte, aber als der Sommer kam und es wärmer wurde, ließ ich ihn in eine leerstehende Futterkrippe im Stall übersiedeln.

Er war ein wunderschöner kleiner Hund und wurde nie besonders groß, aber was ihm an Körpergröße fehlte, machte er durch seine Intelligenz wett. Er konnte alles außer sprechen, aber wir beide hatten ohnehin keine Sprache nötig, weil wir uns auch ohne Worte perfekt verstanden. Wir streiften zusammen durch die Felder, und er rannte nur zum Spaß hinter Kaninchen her, denn seine Beine waren zu kurz, um sie zu erwischen, und wenn es ihm doch gelungen wäre, wäre er noch überraschter als das Kaninchen selbst gewesen. Wir rannten um die Wette über die Wiesen, und wenn ich ihn mit Heu zudeckte, wühlte er sich blitzschnell wieder heraus und legte sein keckes Köpfchen schief, als wollte er sagen: »Du kannst mich nicht reinlegen, ich bin zu schlau.«

Wenn wir Kinder im Fluß schwimmen gingen, kam Mützchen mit, und er liebte es, durch die hohen Binsen der kleinen Inseln zu rasen, um sich nach dem Schwimmen zu trocknen. Er lief vor uns her nach Hause, und sein schwarzer Stummelschwanz verschwand immer wieder hinter den Disteln, die auf den sumpfigen Feldern am Fluß wuchsen, und tauchte im nächsten Moment wieder auf. Er begleitete uns jeden Morgen auf dem Schulweg, lief aber nicht weiter als bis zu dem Holzapfelbaum am Ende des ersten Feldes, wo er jeden Abend wieder auf uns wartete. Morgens blickte er uns traurig nach, abends jedoch wurde er vor Freude fast wahnsinnig, wenn er uns kommen sah. Ich hob ihn hoch, um ihn zu liebkosen, und er riß mir mit seinen strampelnden Beinen fast die Haare aus und schleckte mir mit seiner feuchten Zunge das ganze Gesicht ab.

Er war ein großer Abenteurer und liebte es, neue Orte zu erkunden, wodurch er manchmal in eine Lage kam, aus der er sich nicht selbst befreien konnte. Einmal, als er neugierig über den Rand des tiefen Kalkbrennofens spähte, fiel er hinein, und mein Vater mußte die lange Heubodenleiter herunterlassen, um ihn zu retten. Beim Hinaufklettern schimpfte ihn mein Vater wegen seiner Dummheit aus, aber Mützchen, der stets guter Dinge war, leckte ihm dankbar das Gesicht ab und stupste ihm als abschließendes Zeichen seiner Erkenntlichkeit die Mütze vom Kopf, so daß mein Vater noch einmal hinunterklettern mußte, um sie zu holen.

Mützchen konnte die Greyhounds nicht leiden, er kläffte sie an und forderte sie heraus, ihn zu verfolgen; dann rannte er in irgendeinen engen Schlupfwinkel, wo sie nicht hineinpaßten, und knurrte sie von seinem sicheren Platz aus an. Blacky, der Jagdhund, der auf das Aufstöbern von Schnepfen abgerichtet war, war sein Freund, und manchmal begleiteten beide meinen Vater auf die Jagd. Mützchen kam nur zum Spaß mit, aber er war gescheit genug, genau das zu tun, was man ihm sagte.

Er und die Katzen führten ständig Krieg miteinander; manchmal jagte er sie, und manchmal jagten sie ihn; nur die alte Minnie ließ er stets in Ruhe, weil er die schmerzhafte Lektion gelernt hatte, daß sie jedesmal, wenn sie ihre Krallen benutzte, auch eine Schramme hinterließ.

Manchmal sprang Mützchen morgens auf den Milchwagen und fuhr mit meinem Vater zur Molkerei. Er genoß die Fahrt in die Stadt und saß gebieterisch ganz vorne auf dem Wagen, verächtlich auf die Stadthunde hinabblickend, die ihn von unten anknurrten.

Mein Vater mochte ihn sehr, weil er, wie er selbst sagte, »ein wirklich gescheiter kleiner Kerl« war. Aber für meine Mutter war er eine Plage, und Bridgie drohte regelmäßig damit, »ihm Vernunft einzubläuen«, denn er hatte eine große Schwäche für Wäsche, die im Wind flatterte; Laken, die über seinem Kopf tanzten, waren für ihn eine süße Versuchung, der er nie widerstehen konnte. Er schaukelte an der Wäsche hin und her, bis ihn Bridgie, die ihn stets im Auge behielt, mit einem ordentlichen Klaps aufs Hinterteil auf den Boden zurück beförderte. Er machte sich dann aus dem Staub, versteckte sich unter einem Busch ganz hinten in unserem Garten, so daß nur seine Nase zu sehen war, und wartete dort so lange ab, bis er meinte, daß ein Comeback nun ungefährlich sei.

Er brach alle Regeln unseres Haushalts und kam ungestraft davon. An manchen kalten Abenden schmuggelte ich ihn nach oben, und er schlief am Fußende meines Bettes. Wenn ich glaubte, daß meine Mutter gleich zum Gutenachtsagen kommen würde, deckte ich ihn mit einem Kissen zu, und da er ein schlauer Kerl war, verriet er sich nie.

Wenn wir Kinder alle in einer Reihe auf der langen Bank am Tisch saßen, setzte sich Mützchen manchmal dazu. Wenn Bridgie das sah, verdrehte sie ihre Augen zum Himmel und verkündete: »Gütiger Himmel, wo werd' ich den Hund wohl das nächste Mal sehen? Ich weiß, wo: Er wird vorm Altargitter knien und seine Zunge herausstrecken, um die Kommunion zu empfangen – bei dem Kerl ist nichts unmöglich. Ihr solltet ihn mit zur Schule nehmen, denn hier vergeudet er nur seine Zeit.«

An einem Sommerabend wartete kein Mützchen unter dem Holzapfelbaum, als ich von der Schule nach Hause kam. Wir wunderten uns, machten uns aber keine allzu großen Sorgen. Es war Montag, also hätte er unter dem Busch sein und Buße tun können; oder er hätte mit Blacky auf der Jagd sein können, denn manchmal zogen die beiden auch allein los. Als wir nachsahen, stellten wir jedoch fest, daß er nicht unter dem Busch war und daß Blacky neben der Vordertür lag; und so begannen wir nach einem überstürzten Abendessen den Heuboden und die Ställe abzusuchen, aber wir fanden keine Spur von ihm. Wir gingen hinaus auf die Felder und riefen nach ihm, aber kein Bellen antwortete uns. Die Suche dauerte stundenlang, und nachdem die Kühe gemolken waren, beteiligten sich auch die Erwachsenen daran; sogar Bridgie, die sich ihre Sackleinenschürze um den Kopf gewickelt hatte, half mit.

Als ich an diesem Abend den Rosenkranz betete, flehte ich Gott an, Mützchen zu behüten, weil mir die Vorstellung angst machte, daß er – wo auch immer – allein im Dunkeln war. Ich ging mit einem schweren Herzen ins Bett, aber tief in meinem Innern glimmte noch ein Hoffnungsschimmer. Ich versuchte, nicht zu weinen, weil das bedeutet hätte, jede Hoffnung aufzugeben, und der Gedanke war zu schrecklich. Doch als ich mein Bein an die Stelle legte, wo Mützchen manchmal hingekrochen war und geschlafen hatte, war es schwer, die Tränen zurückzuhalten.

Als ich am nächsten Morgen aufwachte, dauerte es ein paar Sekunden, bis mir die Ereignisse des vergangenen Abends wieder ins Bewußtsein kamen. Ich sprang aus dem Bett, in der Hoffnung, ihn über den Hof laufen zu sehen, aber nur Blacky war da: Er schlief dort, wo sonst beide lagen.

Der Tag in der Schule verging wie ein Alptraum, und am Abend nach Hause zu kommen, ohne daß Mützchen vor Freude an mir hochsprang, war noch schlimmer.

Mein Vater wartete am Tor auf mich. »Wir haben ihn gefunden«, rief er, und einen Augenblick lang zersprang mein Herz fast vor Freude.

»Er ist tot«, sagte er einfach. »Er hat sich unter dem Gatter auf der unteren Weide eingeklemmt, und das Gatter muß sich gelöst und ihn erschlagen haben.«

Ich konnte es nicht glauben; es war einfach zuviel, um es begreifen zu können. Wie konnte Mützchen nur so ein Pech gehabt haben? In mir tat etwas weh, und ich spürte einen Kloß in meinem Hals und machte die Augen ganz fest zu, um die Tränen wegzublinzeln.

»Wo ist er?« flüsterte ich.

»In der Futterkrippe«, sagte mein Vater.

Er lag ausgestreckt auf dem Heu, kalt und steif mit Blut in den Mundwinkeln. Meine Tränen tropften auf ihn herab.

An dem Abend gruben wir sein Grab auf dem Tierfriedhof unter dem alten Apfelbaum am Ende des Obstgartens, und Blacky und Minnie kamen mit uns. Ich haßte in diesem Moment Blacky, weil er lebendig und Mützchen tot war, und ich hatte das Gefühl, daß er sich irgendwie besser um Mützchen hätte kümmern müssen. Ich machte mir auch selbst Vorwürfe, weil ich ihn am Abend vorher, als er vielleicht noch am Leben gewesen war, nicht gefunden hatte.

Wir kleideten eine Holzkiste mit einem von Bridgies zerrissenen Bettlaken aus und legten ihn hinein; im Tod schien er größer zu sein, als er im Leben gewesen war. Wir ließen seinen Sarg vorsichtig in die ausgehobene Grube hinab und deckten ihn mit weicher, brauner Erde zu. Der Apfelbaum stand am Kopf des Grabes, und seine belaubten, ausgestreckten Arme bildeten ein Kreuz. In seine Rinde schnitzten wir mit Hammer und Meißel die Grabinschrift, so groß, wie es der Baumstamm zuließ: LEBE WOHL MÜTZCHEN.

»Wenn je ein Mensch gelitten hat!«

Wenn man einen Hund, einen Stier oder ein Gewehr haben wollte, brauchte man eine Genehmigung; aber für das Rasiermesser meines Vaters, das in einer harmlos aussehenden schmalen, schwarzen Schachtel oben auf dem hohen Küchenschrank lag, war keine derartige Erlaubnis vonnöten. Es hatte eine 15 Zentimeter lange Klinge, dünn wie Papier, die an einem Ende abgerundet und am anderen in einen weißen Knochengriff eingehakt war, und in diesen Griff ließ sich das Messer ganz hineinklappen, wenn es nicht benutzt wurde.

Jeden Sonntagmorgen nach dem Frühstück griff mein Vater oben auf den hohen Schrank, holte die schwarze Schachtel herunter und stellte sie in den Fensterrahmen. Das Vorderfenster unserer Küche saß in einer Vertiefung und war von einem breiten Sims umgeben: Dies war der Altar des wöchentlichen Rasierrituals meines Vaters. Er nahm den schwarzen Lederriemen, der neben dem Schrank hing, und hängte ihn an einen rostigen Haken unter dem Fenstersims. Daraufhin fragte er: »Wo ist mein Rasierbecher?« Er war stets am selben Ort, auf dem obersten Schrankregal neben der großen Fleischplatte, aber er konnte ihn offenbar nie finden, ohne daß man es ihm sagte. In dem

Becher waren Rasierseife und ein weicher Rasierpinsel mit einem Knochengriff.

Wenn er seine Ausrüstung auf dem Sims ausgebreitet hatte, nahm er den kleinen Spiegel, der neben der Uhr hing, herunter und sagte: »Kocht der verdammte Kessel endlich?« Natürlich kochte das Wasser in diesem Stadium seiner Vorbereitungen bereits, aber weil es ihm nie gelang, den Rasierbecher zu füllen, ohne daß der Wasserstrahl über den Becherrand hinausschoß und mein Vater von einem Aschenregen geblendet wurde, wenn das Wasser mit dem Feuer in Berührung kam, griff meine Mutter ein und stellte den Becher mit kochendem Wasser zu den übrigen Utensilien auf den Sims, wodurch prompt der Spiegel beschlug.

»Wie zum Teufel soll ich mich rasieren, wenn ich nicht mal mein verfluchtes Gesicht sehen kann?« bedankte er sich wortgewaltig für ihre Hilfe.

Er zog Mütze und Mantel aus, so daß er in seinem gestreiften Hemd und seiner Weste dastand, zog einen knarrenden Strohstuhl zu sich vor das Fenster und begann mit der Prozedur. Seine Mütze hing an dem einen Pfosten der Stuhllehne, und über den anderen hängte meine Mutter ein kleines Handtuch. Das größte Handtuch im Haus breitete sie ihm über die Knie. Er griff nach dem Lederriemen, stellte fest, daß der Stuhl zu nah am Fenster stand, und ruckte ihn nach hinten, so daß die Mütze auf den Boden fiel. Dann spannte er den Riemen und befeuchtete ihn mit seinem Daumen, den er in den Wasserbecher getaucht hatte. Falls das Wasser zu heiß war, spuckte er statt dessen auf den Lederriemen. Wenn er der Meinung war, der Zustand des Riemens sei genau richtig, öffnete er die schwarze Schachtel und klappte das Rasiermesser auf. Er hielt es an seinem zierlichen Knochengriff und ließ es ein paarmal leicht über den schwarzglänzenden Riemen sausen. Dabei zischte die Klinge sanft, säuselnd und sinnlich und glitzerte im Morgenlicht.

Um beurteilen zu können, ob die Klinge scharf genug war, benötigte mein Vater ein Haar, womit sein eigener Kopf nicht dienen konnte, da er vollkommen kahl war. Also ließ ich ein langes, blondes Haar, das ich mir ausgerissen hatte, vor ihm herabhängen, und er zerschnitt es mit dem Rasiermesser, das damit als einsatzbereit galt. Er tauchte den Rasierpinsel in den Becher mit warmem Wasser und fuhr mit den triefenden Borsten über die Rasierseife. Wenn er einen feinen, weißen Schaum erzeugt hatte, verteilte er ihn mit dem Pinsel auf seiner ganzen unteren Gesichtshälfte. Dies verlieh ihm ein gutmütiges, weihnachtsmannartiges Aussehen, aber die Ähnlichkeit beschränkte sich auch nur darauf, denn dieser Weihnachtsmann war ein Vulkan, der ausbrach, sobald das Rasiermesser sein Gesicht berührte.

Das Rasiermesser wurde zum Todfeind, wenn es über sein Kinn glitt, Schaum und Haare vor sich herschob und eine Blutspur hinter sich herzog. Er wedelte damit in der Luft herum, betrachtete sein fürchterlich zugerichtetes Antlitz im beschlagenen Spiegel und beschimpfte das Rasiermesser: »Du verdammter Hurensohn, willst du mich umbringen?« Eine Art Kampf folgte, und während mein Vater immer zorniger wurde, wurde das Messer immer stumpfer, und der Boden um ihn herum versank unter Flocken aus weißem Rasierschaum, von Blut durchzogen und mit Bartstoppeln gesprenkelt. Das Handtuch, das meine Mutter über die Stuhllehne gehängt hatte, um diese Hinterlassenschaften aufzunehmen, war längst vergessen. Nach jedem erneuten Angriff fuhr er mit den Fingern über die Klinge und schleuderte den Schaum auf den Boden. Allmählich kam sein Gesicht zum Vorschein – rosa und zart mit blutigen Schrammen, die er mit Zeitungsfetzen abtupfte.

Nachdem er mit dem Rasieren und der Ersten Hilfe fertig war, klappte er sein Rasiermesser sorgfältig zusammen und wickelte es in das ausgeblichene gelbe Seidenpapier, bevor er es in die Schachtel zurücklegte. Die Vorführung war wieder für eine Woche vorbei, aber der Hauptdarsteller hatte keinerlei Absicht, die Bühne aufzuräumen. Er fischte seine Mütze aus dem Schaum auf dem Boden und ging nach oben, um sich für die Messe fertigzumachen. Die Hälfte der Küche hinterließ er in einem heillosen Durcheinander aus Rasierseife, Wasser, Handtüchern und weggeworfenen Zeitungsfetzen.

Einmal und nie wieder waren meine Schwester Clare und ich töricht genug, seine Rasierprozedur zu stören. Es war das erste Mal, daß wir Weihnachten einen wirklich stattlichen Baum hatten, und wir hatten im Geschäft der beiden Miss Bowler Lametta gekauft und den Baum in einer mit Steinen gefüllten Butterkiste ins Fenster gestellt. Als wir am Weihnachtsmorgen von der Frühmesse zurückkamen, erwartete uns ein seltsamer Anblick. Mein Vater war vor dem Fenster eingeklemmt mit dem Christbaum auf dem Rücken und Lametta an den Ohren. Er hatte den Baum aus dem Weg rücken wollen, um selbst etwas Platz zu haben, und dabei die provisorische Verwurzelung des Baums aus dem Gleichgewicht gebracht. Mitten in der Rasierprozedur war der Baum vornüber auf ihn gefallen, so daß die Christbaumkugeln zerbrachen und die Weihnachtsfee einen Kopfsprung von der Baumspitze in seinen Rasierbecher machte. Als wir ihm zu Hilfe eilten, empfing er uns mit einem Wortschwall, der kaum zum Fest der Liebe paßte.

»Nehmt diese Mißgeburt von einem Weihnachtsbaum von meinem Rücken runter!« brüllte er.

Wir erlösten meinen Vater, zerrten die schwere, mit Steinen gefüllte Kiste zurück an ihren Platz und stellten den Baum mit Mühe wieder aufrecht hin. Doch dann mußten wir meinen Vater noch vom Schmuck befreien: Dieser bestand nicht nur aus Lametta, sondern auch aus sogenanntem Engelshaar, das den Baum mit einem funkelnden Glanz überzog, das man aber nicht mehr berühren sollte, sobald man es aufgehängt hatte. Und hier und jetzt wurde uns klar, warum man das nicht durfte: Es hatte sich so gründlich um meinen Vater gewickelt, daß wir es nur durch sorgsames und systematisches Entwirren herunterbekommen konnten, aber das erwies sich als unmöglich, weil mein Vater in einem Tobsuchtsanfall wild durch die Küche hüpfte. Schließlich rannte er nach oben, riß sich alle Kleider vom Leib und warf sie mit der Anweisung »Macht den verdammten Mist von den Kleidern ab!« die Treppe hinunter.

Wann immer er später auf diese Episode zu sprechen kam, wandte er die Augen zum Himmel und seufzte: »Wenn je ein Mensch gelitten hat!«

Das brennende Mistvieh

An jedem Samstagabend wurde die frischgewaschene Wäsche auf dem großen alten Sessel vor der Tür im Wohnzimmer aufgetürmt – nicht ordentlich gefaltet, sondern in großen Bündeln, die nach kühlem Gras und frischer Luft dufteten. Die Kleider waren zum Trocknen über Büsche und Hecken gehängt, die Laken auf den grünen Feldern ausgebreitet worden, und alles duftete jetzt nach Wildblumen und der freien Natur, während einiges von einem Vogel verziert worden war. Am Abend war die Kleiderpyramide kurz vor dem Umfallen, und für mich war die Stunde des Jüngsten Gerichts gekommen. Ich konnte Bügeln nicht ausstehen, mir war es zuwider und verhaßt.

In unserer Küche gab es zwei Tische: einen sehr großen und einen von mittlerer Größe. Diesen zweiten Tisch benutzte meine Mutter zum Backen, und samstags wurde er zum Bügelbrett. Eine alte, fadenscheinige Wolldecke, die mit der Zeit gelb geworden war und an den schmalen Seiten drei blaue Streifen hatte, wurde als Bügeldecke auf den Tisch gelegt. Darüber kamen zwei oder drei Laken voller Flicken und Löcher, die nicht mehr auszubessern waren, und man mußte darauf achten, daß die Löcher des eines Lakens auf den heilen Stellen des anderen zu liegen kamen.

Das Bügeleisen war hohl und aus Eisen, mit senkrechten eisernen Halterungen vorne und hinten, die mit einem Holzgriff miteinander verbunden waren. Vorne war es schmal, verbreiterte sich aber nach hinten, wo es eine kleine Tür hatte, die wie eine Guillotine nach oben und unten gleiten konnte, und durch diese Öffnung wurden Plättbolzen in das Bügeleisen hineingeschoben. Sie hatten die gleiche Form wie das Bügeleisen und waren aus reinem, massivem Metall. Vor dem Bügeln waren sie ins Feuer gelegt und dort so lange gelassen worden, bis sie sich kaum noch von den roten Torfsoden um sie herum unterschieden. Es war für mich eine Tortur, einen der Plättbolzen mit der langen eisernen Zange zu greifen und in die Öffnung des Bügeleisens hineinzubugsieren. Wenn ich das Bügeleisen mit der linken Hand festhielt und die Zange mit dem rotglühenden Plättbolzen in meiner rechten gefährlich wackelte, konnte jede falsche Bewegung dramatische Folgen haben.

Wenn der Plättbolzen drinnen und die Klappe zu war, war das Bügeleisen einsatzbereit – aber mein Vater nannte es zu diesem Zeitpunkt mit Recht »brennendes Mistvieh«. Da es keinen Einstellschalter besaß, konnte man nur durch Versuch und Irrtum die richtige Temperatur für den jeweiligen Stoff herausfinden. Und was für Höllenqualen litt ich bei diesen Versuchen und Irrtümern! Die Bügeldecken waren die ersten Opfer und nahmen bald eine kastanienbraune Farbe an. Die Schöße der Hemden meines Vaters zeugten von zahlreichen Irrtümern, denn meine Mutter hielt uns stets dazu an, das Bügeleisen zuerst an den Hemdschößen auszuprobieren. Diese waren damals lang, breit und schwalbenschwanzförmig, und man trug sie gut versteckt in den unergründlichen Tiefen der Hosen, die von Hosenträgern gehalten wurden. Selbst wenn einer der Knöpfe, mit denen die Träger befestigt waren, absprang, wurde er prompt durch einen Nagel ersetzt, so daß es stets ausgeschlossen war, daß die Hemdschöße und ihre bügeleisenförmigen Brandflecken an den Tag kamen. Trotzdem ließ mein Vater jedesmal einen Schwall von Flüchen auf das niederträchtige Bügeleisen los, wenn ihm ein weiteres versengtes Opfer präsentiert wurde.

Das Bügeleisen war für mich eine Quelle ständiger Qualen, und eine seiner schlechten Eigenschaften war, daß es Ruß und Asche auf allem, was man bügelte, hinterlassen konnte, wenn man beim Hineinlegen des Plättbolzens nicht aufpaßte. Stellte man ein schmutziges Bügeleisen auf eine feuchte, weiße Tischdecke, so blieb ein Aschen- oder Rußfleck tief im Stoff zurück. Weitere, häufig vorkommende Unglücksfälle waren natürlich verbrannte Finger oder Handgelenke – auch die Eisenstangen des Griffs wurden heiß, so daß die ganze Apparatur Hitze ausstrahlte. Wenn sich das Bügeleisen abgekühlt hatte, anscheinend, indem es seine Hitze auf mein Gesicht und meine Laune übertragen hatte, konnte man es recht gut halten, aber das bedeutete auch, daß es nicht mehr heiß genug war, um seine volle Wirkung zu entfalten, und so wurde sein Gefährte, ein zweiter Plättbolzen, aus dem Feuer geholt, und die Höllenqual begann von neuem.

Laken, Kissenbezüge und Tischdecken mußten allesamt gebügelt werden, außerdem all unsere Kleider, und so war das Bügeln keine Kleinigkeit. Einige der Kleider wurden gestärkt – und die Kragen der Männerhemden so sehr, bis sie steif wie Pappe waren. Wenn gestärkte Kleidungsstücke allzu trocken waren, konnte man sie unmöglich bügeln; wenn sie zu naß waren, klebte das Bügeleisen an der feuchten Stärke fest. Eine Nachbarin von uns, die respekteinflößende Mrs. Casey, war eine Expertin im Stärken, und der Hemdkragen ihres Mannes mit seiner makellosen weißen Steifheit versetzte mich immer wieder in Erstaunen. Der alte Dan erwies dieser Fertigkeit mit einem Ausdruck, mit dem er außergewöhnlich tüchtige Frauen beschrieb, seine Anerkennung: »Donnerwetter, die würde dir glatt die Hemdschöße stärken!«

Der Beerdigungshut

Niemand schwärmte so sehr für Schicksalsschläge wie Bessie-Babe. Sie mochte sie am liebsten bei anderen, aber wenn sonst keine zu haben waren, konnte sie sich immer auf sich selbst verlassen. Dan drückte es so aus, daß sie nie von der Auferstehung gehört habe, weil sie bei der Kreuzigung steckengeblieben sei, und sie sei der einzige Mensch, den er kenne, dem die Todesangst auf dem Ölberg gefallen hätte.

Sie war ein eifriger und dankbarer Trauergast bei jeder Beerdigung in der Gemeinde, und immer wenn wir sie mit ihrem Beerdigungshut sahen, wußten wir, daß jemand entweder gestorben war oder in den letzten Zügen lag. Wenn sie am Grab stand, konnte sie weinen wie ein Wasserfall, und noch Monate später, wenn sie die Hinterbliebenen traf, gab es für sie nichts Besseres, als mit ihnen zusammen so richtig schön zu weinen. Ja, sie wurde in unserer Familie sogar zur stehenden Redensart: Wenn irgendwer wegen irgend etwas weinte und mein Vater das für übertrieben hielt, sagte er: »Spiel' deswegen doch nicht gleich Bessie-Babe.«

Einmal wurde sie ernsthaft krank, und alle Nachbarn waren sich einig, daß die nächste Beerdigung die ihre sein könnte, doch als dann ein anderer Nachbar starb, brachte sie die Aussicht, an einer Beerdigung teilzunehmen, bald wieder auf die Beine. Als sie am Grab stand und zusah, wie der Sarg hinabgelassen wurde, sagte sie mit einem Seufzer zu Dan, der zufällig neben ihr stand, daß sie wohl die Nächste sein würde.

»Ja, das sagen sowieso schon alle«, versicherte er ihr.

Bessie-Babe hatte einen Bauernhof hinten im Tal, und manchmal half ihr Dan bei der Arbeit, aber er erklärte, daß er nicht allzu lange dort bleiben könne, wenn er nicht verhungern wolle. Sie war Witwe, und Dan war fest davon überzeugt, sie habe ihren Mann verhungern lassen.

»Die Frau«, pflegte er zu sagen, »ist in einem Unglücksmonat geboren worden, und sie ist die gemeinste Frau, die je Lederschuhe getragen hat; ja, sie ist das geizigste und mieseste Weibsstück unter dem Himmelszelt, und das ist ein weites Feld.«

Ein weiterer von Dans Aussprüchen über sie war: »Die ist so sauber, daß es schon unanständig ist«, und ihr Haus war wirklich blitzblank. »Ein Platz für jedes Ding, und jedes an seinem Platz« war ihr Motto, und immer wenn ich in ihrem Haus war, hatte ich Angst, mich hinzusetzen, weil ich nichts durcheinanderbringen wollte. Sie glaubte so felsenfest daran, daß alles immer an seinem Platz sein müsse, daß sie Dan nicht in ihre Küche ließ, sondern ihm sein Essen in der Spülküche gab, wo sie ihre Töpfe und Pfannen aufbewahrte. Wir waren uns nicht sicher, ob sie das aus einem übertriebenen Sinn für Hygiene, den sie mit Sicherheit besaß, oder aus Selbstherrlichkeit tat. Ohne Zweifel hielt sie sich für etwas Besseres, und Mrs. Casey pflegte über sie zu sagen: »Die kommt sich wunders wie vor, wie Taylors Ganter, wenn er auf dem Misthaufen sitzt.«

Sie hielt immer Ausschau nach günstigen Angeboten und hielt so die Ladenbesitzer in der Stadt auf Trab. Ja, wenn Ned etwas als besonders preiswert empfehlen wollte, erklärte er: »Bessie-Babe hat das auch gekauft.« Sie kaufte eigentlich sehr wenig, da sie mit großem Eifer Flicken immer wieder flickte und gestopfte Stellen noch einmal stopfte.

Sie nahm große Körbe voll Eier mit in die Stadt, wo sie mit den Ladeninhabern feilschte, um den bestmöglichen Preis für die Eier zu erzielen. Wenn es ihr gelang, einen hohen Preis herauszuholen, kaufte sie die Eier der Nachbarn zum alten, niedrigeren Preis und verkaufte sie dann an die Ladenbesitzer weiter.

Auch Kaninchen konnte man an die Ladenbesitzer verkaufen, und nicht selten sah man junge Burschen in die Stadt fahren mit ganzen Reihen von Kaninchen, die an der Querstange ihres Fahrrads baumelten. Damit verdienten sie sich ein gutes Taschengeld, aber Bessie-Babe machte ihnen ihr Revier streitig, denn wenn es irgendwo Geld zu verdienen gab, wollte sie mit von der Partie sein, und so wurde sie zur einzigen Frau in der Gegend, die mit Kaninchen handelte.

Jede Unterhaltung mit ihr begann mit denselben Worten: »Pssst! Unter uns gesagt«, und dann ließ sie eine endlose Litanei von Klagen los. Meinem Vater graute davor, sie zu treffen, und er ging manchmal einen Umweg von einer Meile, um ihr zu entgehen; er pflegte zu sagen, daß sie ihn um Jahre älter mache. Einmal, nachdem sie ihn erwischt und gezwungen hatte, sich einen langen Vortrag anzuhören, kam er nach Hause und ließ sich völlig erschöpft auf den Stuhl fallen.

»Diese Frau«, erklärte er, »ist wie weiche Hühnerscheiße: Man wird sie nicht los, sie klebt einfach fest.«

In einem gesegneten Alter starb sie schließlich, und da es ihr solche Freude gemacht hatte, so viele Menschen zur letzten Ruhe zu geleiten, war es nur recht, daß sie selbst ein riesiges Begräbnis hatte. Dan war natürlich da und tat seine Meinung kund, daß man ihren Beerdigungshut wie den Helm eines Soldaten auf ihren Sarg hätte legen sollen.

Will jemand Pandy?

Jeden Tag außer sonntags kochte meine Mutter einen großen, schwarzen Topf voll Pellkartoffeln zum Mittagessen. Egal, ob das Essen für zehn oder zwanzig Leute war, immer wurde derselbe schwarze Topf über das Feuer gehängt; die baumelnden Haken wurden durch die Ösen des Topfes gesteckt, während die Flammen an seiner schwarzen Unterseite züngelten. Ein Blecheimer voll rötlicher Kartoffeln wurde dann in den Topf geschüttet, wobei die Kartoffeln auf den Boden und gegen die Topfwände plumpsten, bevor sie unter dem Eisendeckel eingepfercht wurden. Sie kamen geradewegs aus dem Schoß der Mutter Erde, und es bestand keine Notwendigkeit, an ihnen zu sparen, weil es dort, wo sie herkamen, mehr als genug gab. Ein weiterer Grund, warum so viele in den Topf wanderten, war, daß es fünf verschiedene Sorten von hungrigen Kartoffelessern gab, und zwar in der folgenden Reihenfolge: Menschen, Katzen, Hunde, Geflügel und Schweine. Wir, als die angeblich zivilisierteste der fünf Gattungen, bekamen die erste Portion.

Die mehligen Kartoffeln galten als fertig gekocht, wenn oben im Topf auf ihrem Gesicht ein Lächeln erschien. Eine riesige Porzellanschüssel, die bei einem Festmahl Heinrichs VIII. hätte Verwendung finden können, wurde dann mitten auf den Küchentisch gestellt, und die Kartoffeln wurden hineingeschüttet, bis sie sich zu einem Berg auftürmten. Kleinere, jüngere Familienmitglieder, die sich am Tisch gegenübersaßen, mußten warten, bis der Berg abgetragen worden war, um sich wieder sehen zu können. Während der Kartoffelberg schrumpfte, entstanden kleine Hügel aus Schalen, bis schließlich alle satt waren.

Pellkartoffeln gab es fast jeden Tag, aber ab und zu wurde uns der Luxus von Pandy zuteil. Man galt als dessen nur würdig, wenn man noch sehr klein oder sehr krank war oder sich »empfindlich« fühlte, wie mein Vater es nannte, wenn man sich von der Welt nicht recht verstanden fühlte. Heute würde Pandy wohl von Ahnungslosen als Kartoffelpüree bezeichnet werden, aber es war nicht ganz dasselbe.

Für Pandy benötigte man als erstes eine dicke, weiche, mehlige Kartoffel mit einem breiten Lächeln auf ihrem Gesicht. Man setzte beim Lächeln an, zog die Pelle vorsichtig ab und legte die nackte Kartoffel, die so heiß war, daß man sie kaum anfassen konnte, mit der Hand auf einen anderen Teller, wobei ihre Kleider auf einem Haufen zurückblieben. Als nächstes wurde ein Klumpen gelber Butter oben auf die Kartoffel gelegt, von wo aus sie in kleinen gelben Bächen herunterfloß. Ein kleiner sanfter Stups mit der Gabel ließ eine Öffnung entstehen, in die man einen Tropfen Milch oder einen Löffel Rahm, den man oben vom Eimer abgeschöpft hatte, hineingoß und dann Salz darauf streute. Schließlich wurde die ganze Masse mit einem Schneebesen leicht verrührt und immer wieder abgeschmeckt, um sicherzustellen, daß das richtige Gleichgewicht hergestellt war. Große Sorgfalt und ein feiner Gaumen waren notwendig, um einen wirklich guten Pandy zu bereiten: Er mußte gelb und weich sein, einen delikaten Geschmack haben und federleicht auf der Zunge sein. Wenn man krank oder unglücklich war, konnte man an der Qualität des Pandy abschätzen, wie sehr man von seiner Mutter und der Welt geliebt wurde. Pandy war unser Antibiotikum, unser Beruhigungs- und unser Schlafmittel.

Die königliche Kartoffel herrschte in der Küche, doch die Königin war auch demokratisch, denn sie stieg vom Küchentisch eine Stufe hinab in den Hundenapf, wo sich überzähliger Kohl und Rüben – das ständige Gemüse unseres immer gleichen Speiseplans – sowie Speckstückchen, die uns zu fett oder zu hart waren, zu ihr gesellten. Die verschiedenen Essensreste wurden zusammen mit dem Kochwasser des Gemüses mit den Händen zu einem pampigen Brei vermischt und in ausgedienten Milchkannendeckeln oder rostigen Pfannen an eine bunte Hunde- und Katzenschar verfüttert. Die erste Portion ging an die Hunde, und die größten kamen als erste dran, weil alle Hunde, wie die meisten Menschen, an das Überleben des Stärkeren glauben. Wenn die kleinen Hunde fertig waren, kamen die Katzen zu ihrem Recht, schleckten genießerisch die Ränder aus und holten sich die feinen Stückchen, die den schlabbernden Hundezungen entgangen waren. Wenn wir Pandy übrig hatten, wurde er stets für die Katzen reserviert, denn nur ihren Geschmackssinn hielten wir für fein genug, um ihn wirklich schätzen zu können. Das Pandy kam in eine Untertasse und wurde von einem Milchbach umgeben, so daß die Katzen zu fressen und zu trinken hatten.

Das Geflügel kam als nächstes an die Reihe, und die übriggebliebenen, ungepellten Kartoffeln wurden mit der Hand zerdrückt, wobei sie klebrig zwischen den Fingern, die sie aus ihren Schalen quetschten, hervorquollen. Dieser Brei wurde dann mit zerstoßenem Hafer vermischt, so daß ein körniges, nahrhaftes Futter entstand, über das sich die Hühner mit Begeisterung hermachten. Das restliche Pandy bekamen die Küken, deren Geschmacksnerven und Schnäbel noch nicht vom Angebot der freien Natur abgestumpft waren. Sie pickten zaghaft am flockigen Pandy, dessen weiche Konsistenz ideal für ihre Babymägen war. Die winzigen Küken und das Pandy verschmolzen miteinander zu einer warmen, gelben Farbmischung.

Die Schweine waren die letzte Bestimmung der Kartoffeln. In der Mitte ihres Stalls stand ein runder Eisentrog, dessen Boden sich wie ein Unterteller nach oben wölbte. Eisenstangen trennten die hungrigen Köpfe voneinander und verhinderten schlechte Manieren am Trog. Alle übriggebliebenen Reste vom Küchentisch wurden unterschiedslos hier hineingekippt, wo sie unter völliger Mißachtung ihres Geschmacks oder ihrer raffinierten Zubereitung hinuntergeschlungen wurden. Schweine wußten mit Sicherheit Pandy nicht zu schätzen, das bei empfindsamen Menschen und Katzen – vor allem den weiblichen Vertretern beider Gattungen – für das leibliche und seelische Wohl sorgte.

Mollys Cottage

Dienstags abends rieben wir die Eier mit feuchten Tüchern und Backsoda ab, und am folgenden Morgen brachten wir einen großen Korb davon zu Molly hinunter, weil mittwochs der Eierwagen zu ihrem Cottage kam. Ich freute mich immer wie verrückt auf den Besuch bei Molly, der für mich einer der Höhepunkte der Woche war.

Zwischen der Straße und ihrem Garten gab es kein Gatter, nur einen Durchlaß im moosbewachsenen Wall, der im Frühling mit Osterglocken bedeckt und im Sommer unter Butterblumen begraben war. Trotz der eifrigen Bemühungen ihrer Ziege, alles in Sichtweite zu vertilgen, purzelten und kletterten Mollys Blumen über den niedrigen Steinwall, der ihren mit Kopfsteinen gepflasterten Hof umgab. Die orange Deichsel ihres Eselskarrens im offenen Schuppen hob sich gegen den schwarzen Torfstapel ab. Oft standen im Schuppen ein oder zwei Fahrräder, die Nachbarn dort stehengelassen hatten, weil hinter Mollys Cottage ein Hügel begann und man leichter ohne die Last eines Fahrrads hinaufkam.

Wenn wir sie mittwochs morgens besuchten, rannte ich immer vor, sobald das Strohdach ihres Hauses zu sehen war, damit ich noch ein paar Minuten Zeit hatte, um über ihre Halbtür hineinzuspähen. Die Stille der dunklen Küche erfaßte auch mich und zog mich stets in ihren Bann. Zuerst konnte ich nichts außer dem Glühen des Torffeuers sehen; ich konnte den Torfduft des Feuers riechen und das Ticken der Uhr und das Klappern der Stricknadeln hören. Doch allmählich stellten sich meine Augen auf das Dämmerlicht ein, und die dunklen Gegenstände drinnen wurden sichtbar.

Genau gegenüber der Tür war in Mollys Geschirrschrank ihr ganzes Porzellan zu sehen, und ich kannte jedes Teil genau. Blaue Untertassen standen stolz auf dem obersten Brett, passende Brotteller darunter, und vorne an jedem Brett hingen Tassen an Haken. Darunter befanden sich die großen Teller und ganz unten die großen Fleischplatten. Am Ende eines der Bretter stand ein besonderes Service, das sie nie benutzte. Ihre Mutter, die es wiederum von ihrer eigenen Mutter bekommen hatte, hatte es ihr zur Hochzeit geschenkt. Die Tassen waren aus hauchdünnem Porzellan mit zartrosa Rosen, und das Service war Mollys ganzer Stolz. Es wurde nur selten heruntergenommen, aber manchmal erlaubte sie mir, eine Tasse in die Hand zu nehmen, nur um zu fühlen, wie zart und schön sie war. Im offenen Teil des Geschirrschranks, auf dem Boden, waren ihre Kessel und Töpfe gestapelt.

Molly hatte wunderbare Hände, die stickten, strickten und nähten, aber das Schönste von allem war die Spitze, die sie machte. Sie lag auf einem Tischchen unter dem kleinen, tiefliegenden Fenster, und auf dem Tisch befanden sich eine Messinglampe, ihre Ersatzbrille und das, woran sie gerade arbeitete. Der Sims über dem Kamin war mit einem Spitzenläufer geschmückt, der auf einem eingefaßten Wachstuch lag; ein Paar Glashunde standen dort neben der Uhr, vor der ich oft saß und auf ihr liebliches, leises Läuten wartete. Jeder Stuhl im Zimmer war mit dicken Federkissen in Bezügen mit Stickerei und Spitze gepolstert.

Sie verbrachte einen Großteil ihrer Zeit damit, vor dem glühenden Torffeuer zu sitzen, immer emsig mit den Händen zugange, und das Klappern der Nadeln war oft das einzige Geräusch neben dem Ticken der Uhr und dem Gackern der Hühner draußen. Ein gestricktes Tuch war um ihre Schultern geschlungen, und über ihrem langen schwarzen Seidenrock trug sie eine weiße Schürze mit Spitzeneinfassung, wenn sie nähte. Unter ihrem Rock schauten Ziegenlederschuhe hervor und glänzten im Licht des Kaminfeuers. Mit ihrer kleinen, zierlichen Gestalt sah sie fast wie eine Puppe aus, und sie war die erste Erwachsene, auf die ich herunterblicken konnte.

Sie freute sich immer, uns zu sehen, und wenn sie uns bei der Begrüßung in die Arme schloß, war sie weich wie ein Knäuel ihrer Strickwolle und duftete nach Lavendel. Sobald sie dafür gesorgt hatte, daß wir am Feuer saßen, hängte sie den Kessel darüber; denn niemand kam je in ihr Haus, ohne eine Tasse Tee mit fetter Ziegenmilch und eine Scheibe von dem köstlichen Sahnekuchen zu bekommen, den sie in einem winzig kleinen Brottopf backte.

Molly war so alt wie meine Großmutter, aber mir kam sie nie alt vor; ich sah in ihr nur eine freundliche und recht zerbrechliche Frau. Ihr Gesicht hatte vom vielen Lächeln lauter Runzeln bekommen, und ihre braunen Augen funkelten immer lustig. Das größte Vergnügen, das sie mir bereiten konnte, war, mich in ihr Schlafzimmer zu lassen, wo ihre Spitzenklöppelei erst richtig zur Geltung kam: Mit Spitze waren die Kissenbezüge eingefaßt, und eine wunderschöne Spitzendecke lag auf ihrem Bett. Ihr Toilettentisch, ihre Kommode und Fensterbank waren alle mit Spitzendeckchen verziert, und andere schauten auf einem Regal in der Ecke über den Kanten der Brettchen hervor, auf denen Familienfotos in Silberrahmen standen. Neben dem Kamin im Schlafzimmer gab es eine Uhr mit Gewichten und Ketten, und wenn die Gewichte weit genug unten waren, erlaubte sie mir, sie an den Ketten wieder hoch zu ziehen.

Es war ein ganz und gar weibliches Haus ohne jede Spur männlichen Einflusses. Als junges Mädchen hatte Molly viele Jahre in Amerika gelebt, wo sie einen Mann »mit Wanderlust in den Beinen«, wie sie selbst sagte, geheiratet hatte. Als sie ins heimatliche Cottage zurückkehrte, blieb er ein paar Monate bei ihr, wurde aber bald unruhig und machte sich wieder auf die Reise. Er kam und ging ein paarmal, blieb aber nie lange. Und dann erhielt sie eines Tages ein Telegramm, in dem man ihr mitteilte, daß er bei einem Unfall ums Leben gekommen war. Sie holte ihn nach Hause und begrub ihn auf dem Friedhof, der den Fluß überblickte.

Einmal schenkte sie mir einen kleinen, weißen Porzellankrug und sagte: »Bete, daß mein Wanderer seinen Frieden gefunden hat.« Ich nahm ihre Bitte ernst: Ich nannte den Krug meinen Gebetskrug und bewahrte Weihwasser darin auf.

Ich dachte oft, daß der Himmel so ähnlich wie Mollys Cottage sein müsse, nur größer. Eines Abends wollte mein Vater sie besuchen und traf sie auf ihrem Stuhl schlafend an, wie es schien; Molly hatte ihr Cottage verlassen und war ohne Zweifel in den richtigen Himmel eingegangen. Als ich das nächste Mal ihr Haus betrat, blieb ich einmal nicht an der Halbtür stehen, sondern ging direkt durch die Küche in ihr Schlafzimmer, wo sie in ihrem wunderschönen Spitzenbett mit ihrem Häkeltuch um die Schultern aufgebahrt war. All ihre Uhren waren stehengeblieben, und ich hatte das Gefühl, daß mir das Herz brechen müsse, weil ich wußte, daß ich nie mehr mit ihr dasitzen und auf das Schlagen der Uhren warten würde.

Zur Schule in die Stadt

Meine Zeit in der alten Steinschule inmitten der Felder ging zu Ende, und ich kam auf die weiterführende Schule im nahegelegenen Städtchen. Ich ließ die Kindheit hinter mir; die Zeit des Heranwachsens begann. Meine neue Schule war drei Meilen von der Stelle entfernt, wo der Weg von der Hauptstraße zu unserem Hof begann, und unser Haus lag noch eine weitere halbe Meile von der Straße weg. Jeden Morgen gingen wir gegen halb neun zu Fuß zur Schule los, und jeden Nachmittag machten wir uns gegen vier Uhr auf den Heimweg, so daß wir etwa um fünf zu Hause ankamen. Im Winter quälten wir uns morgens im Dämmerlicht aus dem Bett und packten uns irgend etwas zum Mittagessen ein, während wir frühstückten. Es war ausgeschlossen, daß meine Mutter uns etwas zum Mittagessen zurechtmachte, weil sie schon draußen war und die Kühe melkte. So lernten wir früh Selbständigkeit.

Ich war alles andere als ein Morgenmensch und brauchte den über drei Meilen langen Schulweg, um mich allmählich an die Welt um mich herum zu gewöhnen. Während wir die Straße hinuntergingen, trieben wir die Kühe eines Bauern aus der Nachbarschaft nach dem Melken zurück auf die Felder. Wenn wir zu ihrer Weide kamen, gingen sie durch den Durchlaß hinein, und manchmal war ich so abwesend, daß ich mit ihnen ging. Dann wurde ich oft unsanft geweckt, wenn mir plötzlich ein Kuhschwanz ins Gesicht schlug, und wenn ich zu mir kam, merkte ich, daß ich zwischen zwei großen, dickbäuchigen Kühen eingeklemmt und ein ordentlicher Klaps auf das Hinterteil einer der beiden notwendig war, um mich aus der Falle, in die ich geraten war, zu befreien.

Pferdekarren mit hohen Milchkannen zuckelten vorbei, und manchmal, falls wir nicht zu viele waren, nahmen sie uns mit. Wenn wir an einem kalten Wintermorgen auf dem Karren mitfuhren, konnten wir zwischen den warmen Milchkannen stehen oder auf ihnen sitzen und uns an ihnen wärmen. Wenn der Wagen jedoch über einen Stein holperte oder das Pferd nach einem Peitschenschlag plötzlich schneller lief, konnte die Milch unter den Kannendeckeln hervorspritzen, so daß unsere Füße eine warme Dusche abbekamen. Oder wenn man gemütlich auf einem Heuballen oder einem derben Sack vorn auf dem Wagen saß, konnte einem der zweifelhafte Genuß zuteil werden, einen solchen Milchstrahl in den Nacken zu bekommen. Im Laufe des Tages, jedenfalls im Sommer, trocknete die Milch zu einem klebrigen und unangenehmen Belag und verbreitete einen starken, säuerlichen Geruch, so daß andere ihr Bestes taten, einem aus dem Weg zu gehen.

Wenn in der Stadt Schweinemarkt war, trieben wir die Schweine auf dem Schulweg vor uns her. Aber sobald wir den Ortsrand erreichten, überließen wir sie dem verantwortlichen Erwachsenen, weil wir es als unter unserer Würde empfanden, dabei gesehen zu werden, wie wir Schweine durch die Straßen jagten. Mit ihrer dickfelligen, sturen Art erzeugten die Schweine oft ein Chaos, wenn sie als unwillkommene Besucher durch die offenen Ladentüren liefen. Ihre Ferkelchen wurden in einem Ponywagen mit hohen Seitenwänden zum Markt gebracht, wo sie aus Protest quiekten, sobald Viehhändler sie unsanft befingerten, um ihr Potential zu prüfen, sich zu Schinken der Handelsklasse Eins zu entwickeln. Der Schweinemarkt erfüllte den frühen Morgen in der Stadt mit Grunzen und Quieken und parfümierte die Luft mit stechenden Stallgerüchen. Da die Ferkel in Ponywagen gesperrt waren und die Säue meist mit Zügeln in Zaum gehalten wurden, liefen nur ein paar Schweine wirklich frei herum und brachten das normale Leben der Stadt durcheinander, doch selbst diese wenigen trugen erheblich zum allgemeinen Chaos bei.

An den Viehmarkttagen, an denen Kälber und Kühe in die Stadt strömten, ging alles noch viel wilder zu. Auf dem Weg zur Schule trafen wir dann Viehhändler auf der Straße, die darauf hofften, einen arglosen Bauern zu erwischen und ein Schnäppchen zu machen. Diese Viehhändler – verschlagene Kerle, die sich in der Kunst des Feilschens gut auskannten und von Markt zu Markt zogen, um Vieh zu kaufen und zu verkaufen – unterschieden sich schon äußerlich von den Bauern: Sie schienen stets beige Mäntel und braune Lederstiefel zu tragen, sie sahen aalglatt und clever aus, und sie waren gewandte Redner. Das Feilschen konnte den ganzen Tag dauern, es gab viel Hin und Her, und oft kam das Geschäft erst durch einen Mittelsmann zustande, einen sogenannten »Verstricker«, der dafür eine Prämie bekam.

Ich sah gern den verschiedenen Männern auf dem Viehmarkt zu, die wild gestikulierten, was ein wesentlicher Teil ihres Geschäfts zu sein schien, doch ich konnte mich nie ganz an ihren Brauch gewöhnen, in die Hand zu spucken, bevor sie sich diese zum abschließenden Handschlag reichten, der die Abmachung besiegelte.

Trotz all des Spuckens und der vielen Handschläge folgte gewöhnlich noch ein Streit über das Glücksgeld: Von dem Mann, der verkauft hatte, wurde erwartet, dem Käufer einen symbolischen Betrag zurückzugeben, der ihm Glück mit dem Tier bringen sollte; doch dieses Glücksgeld führte oft zu einem weiteren langwierigen Wortgefecht.

Das ganze Feilschen konnte mehrere Stunden dauern und war eine Übung im Debattieren, im gewandten Reden und in der Kunst, dem anderen immer um eine Nasenlänge voraus zu sein, und der Anlaß für all dies war die einfache Notwendigkeit, eine Kuh zu verkaufen. Das große Finale der Vorstellung fand oft inmitten eines Rings von bewundernden Zuschauern statt, die alle ihre Meinung zu dem Handel unverblümt kundtaten. Manchmal verbarg sich im Publikum ein Scheinbieter, der die Funktion hatte, den Preis in die Höhe zu treiben, ohne daß er selbst kaufen wollte.

Die Krönung all der Märkte war der Pferdemarkt, der nur zweimal im Jahr, im Frühling und im Herbst, stattfand und bei dem es um viel mehr Geld ging. Die meisten Bauern hatten zwei Pferde und manchmal noch ein Pony für leichte Arbeiten, wie etwa die Fahrt zur Molkerei; und auch Esel gab es sehr viele. Alle Bauern der Umgebung kamen in die Stadt, wo sich Scharen von ziehenden Kesselflickern zu ihnen gesellten und Farbe und Aufregung mit sich brachten. Oft ließen sie nach stundenlangem Trinken den Tag mit einer ordentlichen Schlägerei ausklingen. Entweder stritten sie sich untereinander, oder sie ließen sich mit ein paar Einheimischen ein, die mutig – oder eher betrunken – genug waren, sich einzumischen.

Manchmal nahm bei einem Streit, der zwischen einem Kesselflicker und seiner Frau angefangen hatte, die Heftigkeit und die Zahl der Beteiligten immer weiter zu, und die Frauen wechselten dann meist auf die Seite ihrer Männer. Manchmal schlossen sich auch ursprüngliche Gegner zusammen, um gegen Einheimische zu kämpfen, die vielleicht einem von ihnen zu Hilfe gekommen waren, als der den Kampf zu verlieren schien.

Alles in allem versetzte der Pferdemarkt die Stadt stets in Aufregung, und hartnäckiges Feilschen und heftiges Trinken kamen zusammen, wenn alte Freunde bei großen, schaumigen Pints die Welt wieder in Ordnung brachten. Sägemehl und Stroh waren auf den Boden der Pubs gestreut worden, um den Dreck von den Stiefeln der Bauern aufzunehmen.

Bei einem dieser Märkte traf mein Vater einen alten Freund aus den Bergen, und beide gingen zusammen ein Pint trinken. Dort rauchte der alte Mann seine Pfeife und spuckte ständig auf das Sägemehl. Die Wirtin war penibler als die meisten und betrachtete den alten Jack mit wachsender Verachtung, bis sie ihm schließlich von der Theke einen großen Spucknapf brachte, der eigens für solche Gelegenheiten und für Menschen wie Jack gedacht war. Doch Jack hatte noch nie einen Spucknapf gesehen, ignorierte ihn völlig und spuckte weiter auf den Boden, obwohl sie den Napf ständig hin und her bewegte, um ihn in eine strategisch günstige Position zu bringen, damit er seinem Zweck diente. Schließlich brüllte der alte Jack sie in einem Wutanfall über ihre Mätzchen an: »Frau, wenn Sie das verdammte Ding nicht wegtun, dann spuck' ich noch rein!«

Am Ortsausgang war Kate Bradys Herberge, wo jeder Zuflucht fand, der kein Bett hatte oder es nicht mehr bis nach Hause schaffte. Kate hatte einen riesigen Raum mit einem Holzboden und ganz ohne störende Möbel. Mit einem Stück weißer Kreide markierte sie für jeden die Schlafstelle, und mit einem Schlehdornstock sorgte sie für Ruhe und Ordnung. In einer ruhigen Nacht gab es reichlich Schlafraum, und die Gäste konnten sich bequem ausstrecken, aber wenn in der Stadt etwas los war, wurde es zunehmend enger, je weiter die Nacht fortschritt.

Unser Weg zu und von der weiterführenden Schule machte uns mit vielen Aspekten des Stadtlebens vertraut. Die Schule war von einem jungen Hochschulabsolventen gegründet worden, dessen Vater in unserer alten Grundschule unterrichtet hatte. Der Sohn und seine Schwester hatten ein altes Haus und zwei Räume in einem Bau in der Stadt gemietet. Diese beiden Gebäude – ihr Haus und die eigentliche Schule – lagen um die Ecke, und es wurde viel hin und her gerannt, an der katholischen Kirche vorbei, die an der Ecke stand. Normalerweise hatten wir etwa vier Lehrer, und wir müssen ungefähr hundert Schüler gewesen sein, so daß wir uns alle ganz gut kannten.

Schulischen Leistungen maßen wir nicht allzuviel Bedeutung bei, und obwohl die Lehrer so viel Druck ausübten, wie sie für nötig hielten, waren Prüfungen für mich nie etwas Aufregendes. Aus irgendeinem Grund machten sie mir Spaß, und ich hatte das Gefühl, daß ich zu besseren Leistungen fähig war, wenn es nur das Blatt mit den Prüfungsfragen und mich gab.

Mein Vater interessierte sich nicht sehr für Prüfungsergebnisse, und das nahm den Druck von uns. In unserer Klasse war ein Junge, dessen Vater großen Wert darauf legte, daß er gut in der Schule war, und ich empfand Mitleid mit ihm, weil er nicht nur mit den Prüfungen zu kämpfen hatte, sondern auch noch mit einem Vater, der ihm auf die Finger sah.

Wir hatten alle üblichen Fächer, doch Latein und Mathematik machten mir das Leben schwer. »Mensa« und »agricola« vermochten mich nicht zu begeistern, und ich war es schnell leid, Vergil hin und her zu übersetzen. Algebra und das Geheimnis, wie a plus b gleich c sein sollte, waren für mich wie die heilige Dreifaltigkeit und jenseits des menschlichen Verstandes. Ich kam zu dem Schluß, daß Gott, als er mein Gehirn erschaffen hatte, die mathematische Abteilung vergessen hatte, und das einzige, was mich je an Einstein interessierte, war, daß auch er Schwierigkeiten in der Schule gehabt haben soll. Ob es stimmte oder nicht, jedenfalls verlieh es ihm eine menschliche Dimension.

Englisch war mein Lieblingsfach, und ich hatte das Glück, eine Lehrerin zu haben, die sowohl brillant als auch ungeduldig war; ihre Liebe zur englischen Sprache und ihr Streben nach Perfektion ließen sie ärgerlich werden, wenn sie sich abmühte, uns zu irgendwelchen literarischen Höhen hinaufzuzerren. Sie bot beim Unterrichten ihre ganze Kraft auf, aber erst Jahre später wußten wir ihre Anstrengungen zu schätzen.

Das Fach »Christliche Lehre« war von einem neuen Ansatz geprägt: Die Lehrerin brachte ein Dutzend Liederbücher mit in die Klasse, und jeden Tag sangen wir eine halbe Stunde lang eine Mischung aus Rebellenliedern und Hymnen, daß die Fenster klirrten. Was auch immer der religiöse Sinn dieses Fachs sein mochte, so verbanden wir damit jedenfalls Ausgelassenheit und Vergnügen.

Da unsere Schule so nah an der Kirche gelegen war, wurden wir hineingetrieben, um lange lateinische Gesänge beizusteuern, wann immer ein Hochamt für einen Verstorbenen gehalten wurde. Wir waren eine enthusiastische Trauerschar, weil wir uns bei dem Gedanken an die verpaßten Schulstunden freuten.

Am 2. November machten wir Allerseelen-Runden, ein Brauch, der darin bestand, in die Kirche zu gehen, eine vorgeschriebene Anzahl von Gebeten zu sprechen, hinaus und dann wieder hinein zu gehen, um das Ganze zu wiederholen. Unser religiöser Eifer steigerte sich, wenn die Mittagspause zu Ende ging und die Unterrichtszeit begann, und wir erlösten die Seelen zu Dutzenden aus dem Fegefeuer. Mein Vater stand diesen Runden immer sehr skeptisch gegenüber: Wenn ich aus der Schule nach Hause kam und ihm stolz verkündete, daß ich so und so viele Runden hinter mir hatte, lächelte er spöttisch über »das ganze verrückte Theater«, wie er es nannte.

Ich glaubte jedoch fest an die Wirkung neuntägiger Andachten, sogenannter Novenen, und von Gebeten, und zur Prüfungszeit bemühte ich mich am intensivsten um göttliche Intervention. Für jedes Fach hatte ich eine eigene Novene, und der Heilige Patrick war der Verantwortliche für Latein; denn jemand hatte mir gesagt, daß ihm Latein sehr schwergefallen sei und er versprochen habe, jedem mit ähnlichen Schwierigkeiten zu helfen. Der Grund meiner Gebete war nicht der Ehrgeiz, ein Lateingelehrter zu werden, aber die Vorstellung einer schweigenden Armee von Heiligen, die nur darauf warteten, zu Hilfe gerufen zu werden, gefiel mir sehr. Also wurde der Heilige Patrick zum Dekan für Sprachen ernannt, und als es soweit war, erwies er sich als prima Kerl.

»Alice Taylor«, fragte meine Lehrerin, »wie kommst du zu einer so guten Note in Latein? Da kann irgend etwas nicht stimmen.«

Aber alles stimmte, und ich war nicht im mindesten überrascht, denn meine Mutter hatte immer geglaubt, daß Gebete Berge versetzen könnten, also war es kaum der Rede wert, Vergil zu bezwingen.

Die aufsichtführende Lehrerin bei unserer Zwischenprüfung, die im örtlichen Tanzsaal abgehalten wurde, war ein alter Drachen, der mich in Angst und Schrecken versetzte, aber einen der Jungen neben mir nicht einzuschüchtern vermochte. Im Verlauf der schriftlichen Prüfung spähte er ständig in ein Buch, das er aus seinem Mantel hervorzog. Als ich ihn draußen wegen des Risikos, das er eingegangen war, ansprach, lachte er nur und sagte: »Ach was, mir war's doch piepegal, ob sie mich erwischen würde oder nicht.«

Das letzte Prüfungsfach war Zeichnen nach der Natur. Eine mildere Aufsicht hätte uns das Thema sicher vorher mitgeteilt, doch unser Drachen schwieg wie ein Grab. Sie hatte die Rechnung jedoch ohne die Findigkeit meines ungerührt schummelnden Freundes gemacht. Er ging in die Werkstatt unter dem Saal und überredete einen der Mechaniker, ein Auto unter die Falltür im Fußboden zu fahren. Als er sich auf das Auto stellte, konnte er durch diese Tür in den Saal gelangen, und wenige Augenblicke später erschien er mit der Neuigkeit, daß eine Vase mit Mauerblümchen für die nächste Prüfung bereitstehe. Zu dem Zeitpunkt konnte uns diese Information kaum noch nutzen, aber wir erfreuten uns an dem Gefühl, unserer strengen Aufsicht eins ausgewischt zu haben.

Nach der Hälfte meiner Zeit in der weiterführenden Schule wurde ein neues Schulgebäude erworben, eine alte protestantische Kirche. Die Kirche wurde in Klassenzimmer unterteilt, und zum ersten Mal waren wir alle unter einem Dach untergebracht. Die Trennwände waren nur knapp vier Meter hoch und reichten bei weitem nicht bis zur Decke, so daß das Gemurmel aus den anderen Räumen in jedem Klassenzimmer zu hören war; wir konnten die Laune jedes Lehrers nach den Geräuschen, die über die Trennwände drangen, abschätzen. Eichenbalken wölbten sich hoch über unseren Köpfen, und tiefliegende Fenster in den dicken, uralten Mauern verliehen der Kirche eine besondere Atmosphäre.

Unsere nächsten Nachbarn waren die Protestanten, darunter Sarah Curran, die Verlobte des Freiheitskämpfers Robert Emmet, die hier gebetet hatte und nun für immer unter den Bäumen neben der Kirche ruhte. Während die Protestanten das Lernen vielleicht noch als angemessenen Ersatz für das Beten angesehen hätten, müssen sie sich sicherlich bei dem Lärm Dutzender ausgelassener Kinder, die nun in ihrem einst ruhigen und geheiligten Winkel wild umherrannten, im Grabe umgedreht haben.

Fünf Jahre lang gingen wir auf der hügeligen Straße zur weiterführenden Schule, wobei wir unsere Bücher in Säcken auf dem Rücken oder in Mappen in der Hand trugen und die Leute in den Häusern auf dem Weg kennenlernten. Auf der Hauptstraße des Städtchens war eine kleine Bäckerei, wo jeden Donnerstag frische Krapfen gebacken wurden, und der Duft, der uns entgegenströmte, wenn wir die Straße hinuntergingen, ließ uns das Wasser im Mund zusammenlaufen. Im Winter bissen wir dann manchmal abends genüßlich in die warmen, zuckersüßen Krapfen, und während wir sie aßen, erschien uns der Weg viel kürzer.

Wenn wir zu Hause ankamen, tischte eine von uns das Essen auf, das meine Mutter am Feuer warmgehalten hatte, und eine andere machte den Tilly-Ofen an, um das große Schlafzimmer im Obergeschoß, das als Studierzimmer reserviert war, zu heizen. Nach dem Essen räumten wir ab und zündeten die hohe Tilly-Lampe an, die auf dem Waschtisch im Studierschlafzimmer stand. Im Licht der Lampe funkelten die Messingknäufe der beiden eisernen Betten in der Ecke des Zimmers. Der Tisch, an dem wir uns abmühten, wakkelte und ächzte vor lauter Büchern, und oft nahmen seine Holzwurmspuren die verschiedenartigsten Formen an, wenn arbeitsscheue Bleistifte verborgene Gänge erforschten, anstatt sich mit den Büchern auf der Oberfläche zu beschäftigen.

Wir lernten hier bis zum Abendessen gegen sieben Uhr und wechselten uns täglich damit ab, nach unten zu gehen, um den Tisch zu decken, damit alles fertig war, wenn die Erwachsenen vom Melken kamen. Und dann setzten wir uns zum ersten Mal am Tag zusammen hin und besprachen beim Essen die Geschehnisse des Tages.

Danach gingen wir wieder nach oben, obwohl es auch vorkam, daß eine gute Radiosendung uns zum Zuhören verlockte, und gewöhnlich beschlossen wir den Tag gegen zehn Uhr, wenn wir zu einem Kakao und einem Schwätzchen noch einmal nach unten kamen. Die Vagabunden, wie wir Besucher aus der Nachbarschaft nannten, saßen dann um das Feuer herum, wobei mein Vater oft fehlte, weil er selbst zu einem anderen Hause ausgeschwärmt war. Bald jedoch kehrte jeder nach Haus zurück, und meine Mutter ließ uns alle zum Rosenkranz niederknien.

Die Öllampe wird gelöscht

Das Leben ging gemächlich vonstatten für die, die mit Öllampen und Kerzen aufwuchsen. Es war nicht ratsam, bei Kerzenlicht umherzurennen, weil der Weg nicht hell erleuchtet war und man leicht mit den verschiedensten schattenhaften Gegenständen zusammenstoßen konnte, die einen dann unsanft bremsten. Kerzenlicht war jedoch nachsichtig gegenüber alternden Gesichtern, Spinnweben und schlechter Haushaltsführung, denn der sanfte, flackernde Schein warf mildernde Schatten über manchen Schönheitsfehler, sei es bei Menschen oder anderswo.

Der alte Tom, einer unserer Nachbarn, riet allen stets davon ab, bei Kerzenlicht ein Pferd zu kaufen oder eine Frau zu wählen, denn dies waren, wie er meinte, die beiden wichtigsten Anlässe im Leben, an denen man die harte Wirklichkeit des Tageslichts brauche, um einem den richtigen Weg zu zeigen.

Tom selbst hatte nie eine Frau, und seine Begründung dafür war ein bißchen ungewöhnlich. Weibliche Wesen, so sagte er, seien entweder Sonntagsmädchen oder Montagsmädchen. Sonntagsmädchen sähen gut aus, aber Montagsmädchen seien gut, und das große Los im Leben sei, ein Montagsmädchen zu bekommen, das aussehe wie ein Sonntagsmädchen. Ihm selbst gelang dies nie, und so blieb er Junggeselle, und da er der Generation meines Vaters angehörte, erklärte er, daß der Zug für ihn nun abgefahren sei. Er war der einzige Sohn einer Familie mit sieben Töchtern, und deshalb barg das Weibliche für ihn kein Geheimnis. Alle seine Schwestern waren längst aus dem Elternhaus ausgezogen, und er besuchte uns fast jeden Abend. Tom mochte weibliche Gesellschaft, und vielleicht erinnerte ihn unser Haus mit so vielen Mädchen an seine Kindheit.

Als wir älter wurden, durften wir in unseren Zimmern Kerzen haben, die wir mit viel heißem Wachs an den eisernen Bettpfosten befestigten. Einer der größten Nachteile von Kerzen war, daß das Wachs unweigerlich auf alles im Haus herabtropfte, vor allem aber auf den Fußboden. Einmal in der Woche wurden wir Kinder mit stumpfen Messern nach oben geschickt, um das Kerzenwachs von den Fußböden der Schlafzimmer abzukratzen. Das war eine mühsame Arbeit, die uns aber seltsamerweise nicht dazu bewegte, in der nächsten Woche besser aufzupassen, daß nicht wieder Wachs auf dieselben Fußböden tropfte. Vielleicht lernten wir nur langsam.

Oft lasen wir bis spät in die Nacht bei Kerzenlicht, welches das Bett in warmes, gelbes Licht tauchte und den Rest des Zimmers mit flackernden Schatten erfüllte. Einmal schlief meine Schwester Clare ein, während die Kerze auf ihrem Nachttisch noch brannte, und Stunden später wurde sie von der Hitze eines Feuers neben sich geweckt. Schnell löschte sie die lodernden Flammen, indem sie sie mit ihrer schweren Bettdecke erstickte, und zum Glück war die Folge nichts weiter als eine verbrannte Tischplatte und eine Verbrennung am Fuß, die sie sich zuzog, als sie auf eine rotglühende Schere trat, die durch die Tischplatte hindurch gefallen war.

Meinem Vater erzählten wir nie etwas von derartigen Katastrophen, weil das eine solche Litanei von gotteslästerlichen Flüchen ausgelöst hätte, daß es einfacher und angenehmer war, ihn im dunkeln zu lassen. Wie er und seine gelassene Frau zu fünf Töchtern gekommen waren, die ganz versessen darauf waren, ihm auf den Nerven herumzutanzen, war eins der Geheimnisse des Lebens, über die er oft nachgrübelte. Wenn er an eine Wiedergeburt und an eine Auswahl dabei geglaubt hätte, dann hätte er sich an manchen Tagen sicher gern für das Leben eines Mönchs entschieden, und je stiller und abgeschiedener der Orden gewesen wäre und je weiter von uns entfernt, um so lieber wäre es ihm gewesen.

Wenn an einem Winterabend das Dämmerlicht die Küche erfüllte, fragten wir unsere Mutter: »Ist es schon Zeit, die Lampe anzumachen?« Vorher war die Lampenglocke mit lauwarmem Seifenwasser abgewaschen und mit einem weichen Tuch oder einem Stück Zeitung poliert worden. Der Fuß war mit Petroleum gefüllt und der Docht gestutzt worden. Alles wurde für den Abend vorbereitet, denn wenn man damit wartete, bis das Tageslicht fast erloschen war, konnte es im Halbdunkel leicht passieren, daß Gegenstände zu Bruch gingen, Öl auf den Boden floß und dadurch die Stimmung gereizt wurde.

Das oberste Stück des Dochts, das am Abend vorher schwarz geworden war, wurde mit einer scharfen Schere abgeschnitten, und wenn der Docht zu Ende gebrannt war, mußte man dem neuen genug Zeit geben, um sich mit Öl vollzusaugen, bevor man ihn anzünden konnte. Manchmal legte man den neuen Docht auch am letzten Abend, an dem der alte noch brannte, in die Lampenschale.

Das Petroleum wurde regelmäßig in einer Ölkanne aus der Stadt geholt, und wenn man das einmal vergessen hatte, konnte man sich stets darauf verlassen, daß einem die Nachbarn aushelfen würden.

Nach dem Anzünden wurde der Docht zunächst kurz gehalten, damit sich die Lampenglocke langsam erwärmen konnte, denn bei plötzlicher Hitze konnte sie springen. Um das zu verhindern, hängte man manchmal eine Haarnadel oben auf die Glocke. Nach und nach konnte man den Docht hochdrehen, so daß das sanfte Gelb zu einem weißen Schein wurde, und dann kam der Lampenschirm darüber, der das Licht dämpfte und von der an der Wand hängenden Eisenhalterung aus gleichmäßig im Raum verteilte. Wenn das große, offene Feuer mit Holzscheiten und Torf aufgeschichtet war, kamen dessen lodernde Flammen noch zum Licht der Lampe hinzu. Bevor meine Mutter ins Bett ging, drehte sie die Lampe herunter, wenn noch jemand von der Familie unterwegs war, und ließ sie als sanften Willkommensgruß für den späten Heimkehrer leuchten.

Eine zweite Öllampe stand im Wohnzimmer – eine reichere Verwandte des Modells in der Küche. Sie hatte eine schwere, cremefarbene Glasglocke mit reliefartigen grünen und rosa Blumen und einen eleganten Messingfuß. Der rosafarbene Lampenschirm paßte farblich genau zur Glocke und war oben fein geriffelt, was mich immer an eine Ballerina, die Kopfstand machte, denken ließ.

Wenn die Lampe angezündet war, tauchte sie unser Wohnzimmer in ein gedämpftes rosa Licht, das unser Sideboard aus Mooreiche mit seiner bunten Sammlung von Familienschätzen darauf, einschließlich des Grammophons, warm leuchten ließ. Der dunkle Marmorkamin glänzte im Licht der Lampe, das vom Spiegel über dem Kaminsims reflektiert wurde. Auf jeder Seite des Spiegels standen zwei halbnackte männliche Figuren aus Ebenholz, die ein Angehöriger einer früheren Generation der Familie aus dem Ausland mitgebracht hatte. Meine Mutter hielt eigentlich nicht viel davon, halbnackte Männer in ihrem Wohnzimmer auszustellen, aber ihr antikes Aussehen verlieh ihnen gewissermaßen ein ehrbares Gewand, und so duldete sie ihre Anwesenheit. Auf dem Kaminsims standen außerdem ein kleiner silberner und zwei rosa-weiße Damenschuhe aus Porzellan.

In der Mitte der polierten Dielen im Wohnzimmer lag ein Quadrat aus Linoleum mit Rosenmuster, das von einem gewaltigen Eichentisch, der zum Sideboard paßte, fast verdeckt wurde. Die Wände waren mit blaßrosa Leimfarbe gestrichen, und weiße Spitzengardinen hingen an einer langen Stange über dem einzigen Fenster. Die Gardinen erfüllten vor allem einen dekorativen Zweck, denn wenn man wollte, konnte man durch sie hineinsehen, und das cremefarbene, mit Quasten geschmückte Rollo, das in der Fensternische hing, wurde nur selten heruntergelassen.

Der Tisch beherrschte das Zimmer und war von Stühlen mit gebogenen Rückenlehnen und schwarzen Ledersitzen umgeben. An der Wand gegenüber dem Kamin hing ein Bild meiner Großmutter väterlicherseits, einer lächelnden Frau mit kurzgeschnittenem weißen Haar, die mit glücklichen Augen in einem heiteren, wunderschönen Gesicht auf uns herabsah. Ein Porträt ihres Mannes, eines hochgewachsenen, strengblickenden Herrn mit Bart, hing neben dem Fenster, und über dem Sideboard hing ein Bild meiner Eltern an ihrem Hochzeitstag. Neben dem Kamin war in die dicke Wand der Geschirrschrank meiner Mutter eingelassen, aus dem ich oft Würfelzucker stibitzte – ein Versteck, das sie allein zu kennen glaubte.

Zwischen dem Schrank und dem Kamin stand der Schaukelstuhl: Er war gemütlich und geräumig, und ich fand es himmlisch, mich in seine vielen Federkissen zu kuscheln, hin und her zu schaukeln und zuzusehen, wie das Feuer Schatten an die Decke warf. Ich hatte immer das Gefühl, daß die Bilder an der Wand dann lebendig wurden, und egal wo im Zimmer ich mich versteckte, schienen mir die Augen meines Vaters zu folgen, denn selbst an seinem Hochzeitstag hatte er offenbar nach drohenden Katastrophen Ausschau gehalten.

Doch mein Lieblingsbild war das meiner Großmutter, die mich gütig anzulächeln schien. Als ich meinen Vater fragte, wie es komme, daß eine so ruhig aussehende Frau einen solch temperamentvollen Sohn habe, sagte er lächelnd: »Das Gleichgewicht der Natur: Heirate nie jemand, der dasselbe Temperament hat wie du – die Mischung von Gegensätzen ist eine bessere Kombination.« Daraus schloß ich, daß er nach seinem Vater kam.

Mein Vater schwärmte für schöne Bäume, schöne Pferde und schöne Frauen und neigte dazu, schonungslos offen zu sein. Einmal, als eine Nachbarin einen ausgesprochen unansehnlichen Mann heiratete, seufzte er und sagte: »Mein Gott, die werden wohl all ihre Töchter unterm Tisch verstecken müssen.«

Das Wohnzimmer, unsere »gute Stube«, wurde für Hausmessen und Besucher benutzt, und ich liebte es, wenn das Kaminfeuer dort in Erwartung irgendeiner Familienzusammenkunft angezündet wurde. Als meine älteren Schwestern ausgezogen waren und manchmal Freundinnen zum Übernachten mit nach Hause brachten, aßen sie im Wohnzimmer, und ich spielte immer das Hausmädchen, weil ich dann etwas mitbekam von der faszinierenden Unterhaltung der Großen darüber, wie es war, einen Freund zu haben und sich zu verlieben. Bis dahin war ich auf solche Dinge nur in Büchern gestoßen, und nun begegnete ich ihnen im wirklichen Leben, wenn auch nur aus zweiter Hand.

Als meine Schwestern alt genug waren, ihre Freunde mitzubringen, war das noch interessanter, weil ich dann das Ganze aus der Nähe betrachten konnte. Das Wohnzimmer war daher mein erster Schritt in die große Welt – oder eher: Im Wohnzimmer kam die Welt zum ersten Mal vor meine neugierigen Augen.

Nachdem wir so lange mit der Kerze und der Öllampe gelebt hatten, war die Tilly-Lampe um 1950 für uns ein großer Durchbruch in eine Welt des Lichts. Sie war eine einfache Erfindung, für die weiterhin Öl als Brennstoff diente, aber ein Glühstrumpf ersetzte den Docht und erzeugte so ein viel stärkeres Licht. Sie funktionierte nach demselben Prinzip wie die Gaslampen, die man heute beim Camping benutzt, nur wurde kein Gas, sondern Öl verbrannt.

Dicht auf den Fersen der Tilly-Lampe folgte der Tilly-Ofen, der Zimmer ohne Kamine heizte – eine Aufgabe, die vorher lästige, stinkende Ölöfen erfüllt hatten. Während des Großteils meiner Zeit in der weiterführenden Schule erledigte ich meine Hausaufgaben beim Licht einer Tilly-Lampe in einem Schlafzimmer im Obergeschoß, das von einem Tilly-Ofen beheizt wurde. Nur das Notwendigste wurde angeschafft, und eine Tilly-Lampe für das Wohnzimmer wurde nicht für nötig gehalten, weil dort helles Licht nicht so wichtig war.

Bald nach dem Einzug der Tilly-Lampe in unser Haus begann der Werbefeldzug für das »Shannon-Programm«, das einen viel größeren Einschnitt in unser Leben bewirken sollte. Für dieses Programm zur Elektrifizierung der ländlichen Gebiete mußte geworben werden, weil, so seltsam es heute auch klingen mag, sich einige Menschen sträubten, Elektrizität in ihr Haus zu lassen. Einer unserer Nachbarn zögerte, sein Haus anschließen zu lassen, aber als er erfuhr, daß wir auch keinen Strom bekommen konnten, wenn er keinen wollte, entschloß er sich, lieber sein Einverständnis zu geben als uns Unannehmlichkeiten zu bereiten. Ein anderer alter Freund weigerte sich trotz aller Überredungskünste standhaft und erklärte, es müsse gefährlich sein, Wasser von einem Loch in der Wand aus zu kochen.

Arbeitskolonnen zogen quer über das Land und gruben Löcher für Strommasten, die von Pferden in die richtige Position gezogen wurden. Elektroinstallateure kamen und halfen den Leuten dabei, die Beleuchtung ihrer Häuser zu planen, aber alles war so neu und ungewohnt, daß die meisten Leute nicht genügend Steckdosen anlegen ließen. Die Lichtschalter und Steckdosen – noch weit entfernt von den heutigen eleganten Modellen – ragten aus der Wand wie häßliche braune Wanzen. Die Kabel wurden nicht unter Putz gelegt, sondern konnten im ganzen Haus verfolgt werden, wie sie gleich hervortretenden Krampfadern an Fußleisten entlangkrochen, ausgehend vom Herzen, dem großen schwarzen Zähler über der Küchentür. Bevor der Strom überhaupt eingeschaltet wurde, hatte ich schon Angst, tot umzufallen, wenn ich irgend etwas Elektrisches anfassen würde.

Manche Leute waren auch übervorsichtig, was die Installation und Benutzung der ungewohnten Elektrizität betraf. Ein Nachbar von uns installierte nur eine Lampe auf dem Flur im Obergeschoß seines Hauses und sagte all seinen Kindern, sie sollten ihre Türen offenlassen, damit das Licht hereinscheinen könne. Als mein Vater ihm gegenüber andeutete, daß es nicht gut für die Augen sei, wenn die Kinder im Bett lesen wollten, bekam er zu hören, daß sie zum Schlafen und nicht zum Lesen ins Bett gingen.

Vielen Leuten kam es bei der Installation vor allem darauf an, Kosten zu sparen. Ein Geizkragen wollte die Anfangsausgaben niedrig halten und ließ daher nur einen einzigen Lichtschalter anbringen, so daß das ganze Haus wie ein Weihnachtsbaum aufleuchtete, wenn er ihn anknipste.

Eins der Dinge, die durch den elektrischen Strom überflüssig wurden, war der Primuskocher, ein kleiner Apparat, der Petroleum als Brennstoff benötigte und mit Spiritus angezündet wurde. Man mußte ihn ständig mit einer Primusnadel sauberhalten, um zu verhindern, daß gelbe Flammen aus ihm herausschossen und sich stinkende Rauchsignale in der ganzen Küche verbreiteten.

Der elektrische Wasserkocher bedeutete eine große Arbeitserleichterung, und in den meisten Häusern war er das erste elektrische Gerät, das angeschafft wurde, denn er machte es möglich, schnell einen Tee zu kochen, ohne das Feuer oder den Primuskocher anzünden zu müssen. Die frühen Modelle waren fest an das Stromnetz angeschlossen und konnten nicht einfach in die Steckdose gesteckt werden, denn das hätte man für den Gipfel des Luxus gehalten.

In unserem Haus folgte dem Wasserkocher bald ein Toaster, da meine Mutter schon immer eine Vorliebe für Toast hatte. Es gab damals keine automatischen Toaster, und in den ersten Jahren, in denen wir elektrischen Strom im Haus hatten, erfüllte nicht selten der Geruch von verbranntem Toast unsere Küche, und Rauchwolken stiegen aus dem Toaster auf.

Die Idee arbeitssparender Geräte wie Waschmaschinen und Kühlschränke war für uns zu fremd, um sie sofort anzunehmen. Der einzige Luxus, den mein Vater sich leistete, war ein Radio mit Netzanschluß, und er war froh, nicht länger leeren Batterien ausgeliefert zu sein; er weigerte sich aber, einen elektrischen Rasierapparat zu kaufen, und benutzte weiterhin sein altes Ungetüm von einem Rasiermesser.

Wir mußten uns ohnehin erst an das helle Licht gewöhnen, das das ganze Haus durchflutete. Es hatte jedenfalls den Vorteil, den Gang nach oben ins Bett viel weniger unheimlich zu machen; nun war es nicht mehr nötig, unter den Betten nachzusehen, ob sich dort Gespenster versteckten, und durch dunkle Türöffnungen nach schweigenden Gestalten, die sich auf einen stürzen wollten, Ausschau zu halten.

Der Zauber, nur durch das Anknipsen eines Schalters das ganze Zimmer im Nu hell erleuchten zu können, war in den ersten Wochen etwas Aufregendes, und ich lief immer wieder die Treppe rauf und runter, weil es mir solchen Spaß machte, das Licht einzuschalten. Dennoch kam es nicht in Frage, das Licht anzulassen, wenn niemand im Zimmer war, denn mein Vater hatte eine neue Sorge, die Stromrechnung; und bald bekamen wir immer wieder zu hören, daß ihm keine Anteile am Stromversorgungsunternehmen gehörten.

Draußen im Stall erleuchtete der elektrische Strom die alten, mit Spinnweben behangenen Balken und warf Licht auf gynäkologische Eingriffe zur Zeit des Kalbens. Er dehnte den Arbeitstag aus, denn Arbeiten, die bisher vor Einbruch der Dunkelheit erledigt sein mußten, konnten jetzt bei künstlichem Licht fortgeführt werden. Doch obwohl der Strom unseren Arbeitstag verlängerte, bedeutete er auch in vielerlei Hinsicht eine Erleichterung in unserem Leben. Eins ist gewiß: Er veränderte unser Leben von Grund auf und führte uns in eine neue Welt, während die alte zurückblieb.

Der Gladiolenmann

Es hatte seine Nachteile, die jüngste von fünf Schwestern zu sein, bedeutete es doch, vielen Herrinnen folgen zu müssen: Sie alle waren Häuptlinge, und ich war die einzige Indianerin. Dies hatte zur Folge, daß ich mehr Zeit und Energie darauf verwandte, zu versuchen, den Anweisungen meiner älteren Schwestern nicht zu folgen, als wirklich das zu tun, was sie mir sagten.

Meine Mutter verteilte niemals Aufgaben, weil sie sich an den Grundsatz hielt, daß alles irgendwann erledigt würde: daß wir, wenn wir es leid wären, das ungespülte Geschirr auf dem Tisch stehen zu sehen, es schließlich spülen würden, und daß es, da wir in den Betten schliefen, auch unsere Aufgabe sei, sie zu machen und unsere Zimmer aufzuräumen. Nie machte sie uns Vorhaltungen oder nörgelte, sondern ließ die Dinge einfach unerledigt liegen. Meine Schwestern übernahmen die Aufgabe, die Hausarbeit nach unten zu delegieren.

Der wöchentliche Arbeitsturnus wechselte, aber eine Arbeit, gegen die ich mich entschieden wehrte, war das tägliche Ausfegen der Fußböden und Treppen im Obergeschoß. Bei dieser verhaßten Arbeit gönnte ich mir immer wieder Ruhepausen und setzte mich ins Fenster eines der Zimmer, um ein Buch zu lesen, aber wenn das Geklapper meiner emsigen Fußschritte verstummte, konnte Sarah, meine wachsame Schwester unten, aus der Stille schließen, daß ich schon wieder Pause machte. Sie nahm dann einen Besenstiel und hämmerte gegen die Küchendecke, um anzudeuten, daß es an der Zeit sei, weiterzuarbeiten.

Doch ich heckte einen Plan aus, um sie zu überlisten: Anstatt mich zum Lesen hinzusetzen, ging ich auf und ab und erzeugte so die verlangten Geräusche, konnte dabei aber weiterhin lesen. Es funktionierte eine Zeitlang, bis Sarah sich zu fragen begann, wie so wenig Arbeit so lange dauern konnte. Also kroch sie einmal ganz still hoch, ertappte mich beim Lesen und kam mir so auf die Schliche.

Meine Seele lehnte sich gegen die langweilige, immer gleiche Hausarbeit auf, aber so gut ich auch argumentieren mochte, um die Sinnlosigkeit gewisser Tätigkeiten zu beweisen – und ich konnte besser argumentieren als arbeiten –, so kam doch kein Argument gegen die Entschlossenheit meiner Schwestern an, und sie trugen am Ende immer den Sieg davon.

Seltsamerweise war eine der wöchentlichen Arbeiten, aus denen ich eine große Befriedigung zog, das Fensterputzen. Dazu brauchte man Zeitung und Petroleum. Das Fenster wurde zuerst mit einem ölgetränkten Zeitungsstück gereinigt und dann mit einer trockenen Zeitung poliert, bis es glänzte und ich mich darin spiegeln konnte.

Das offene Feuer war für einen Großteil des Schmutzes auf den Fenstern verantwortlich, und wenn der

Wind in die falsche Richtung wehte, konnte er den Rauch durch den Kamin hinunter in die Küche blasen. Dann malte ich auf die verrußten Fensterscheiben oft seltsame Muster und ließ ganze Bilder aus meiner Phantasie entstehen. Für mich waren die Fenster die Augen des Hauses, und wahrscheinlich empfand ich es deshalb als eine so besondere Leistung, wenn ich sie putzte.

Jeden Samstag standen eine Menge Arbeiten auf dem Programm, um alles für den Sonntag schön zu machen. Der Kamineinsatz wurde gekalkt; alle Holzstühle mit Strohsitz und die beiden Holztische wurden blitzblank geschrubbt; und schließlich wurde die Küche mit Eimern voll Wasser vom »Springbrunnen« am Ende des Gartens geputzt. Wenn der freiwillige Arbeitstrupp zu protestieren begann, überredete uns unsere pfiffige ältere Schwester Sarah zum Weitermachen, indem sie uns einen großen, saftigen Apfelkuchen zum Tee versprach, und wie der Esel vor der Möhre setzten wir die Arbeit fort. Sie hielt ihre Versprechen immer ein – schließlich wußte sie genau, daß die Arbeiten des nächsten Samstags nicht weit waren. Oft sangen wir bei der gemeinsamen Arbeit; wir lachten viel und zankten uns ebensoviel, wie junge Vögel im Nest.

Die erste, die aus dem Nest ausflog, war meine Schwester Lucy. Sie ging als Krankenschwester nach London. Meine Mutter ließ ihr erstes Küken nur sehr ungern fort, aber die Richtschnur meines Vaters war immer: Wenn sie ausfliegen wollen, soll man sie ziehen lassen. Jede Woche schrieb ich ihr einen langen Brief und berichtete genau, was sich zu Hause ereignet hatte, und wahrscheinlich schrieb ich ebenso zu meinem eigenen Vergnügen wie zu ihrem. Ihr Leben war so eng mit unserem verschlungen gewesen, daß ich den Gedanken nicht ertragen konnte, daß sie, die bei allem dabeigewesen war, nun irgend etwas verpassen sollte. In ihrem neuen Leben in London muß sie wohl oft über die Briefe der Zwölfjährigen gelächelt haben, in denen lebhaft geschildert wurde, wie viele Küken jede Henne ausgebrütet hatte und welche Farbe die neugeborenen Kälbchen hatten.

In ihrem Urlaub kam sie mit Koffern voll wunderschöner Kleider nach Hause und – ach! – der himmlische Duft von teurem Parfüm! Manchmal brachte sie Freundinnen mit, die einen merkwürdigen Akzent hatten und noch nie auf einem Bauernhof gewesen waren. Ich liebte es, sie nach draußen zu begleiten, ihnen die Tiere zu zeigen und den Ausdruck auf ihren Gesichtern zu beobachten, vor allem, wenn sie glaubten, festen Boden unter den Füßen zu haben, was sich aber als falsch erwies.

Ein Mädchen, das uns mehrmals besuchte, hatte den ungewöhnlichen Namen Joy Love, und er paßte wunderbar zu ihr, weil sie immer fröhlich war und weil ihr schottischer Akzent Musik in unseren Ohren war. Sie und mein Bruder verbrachten viel Zeit damit, sich miteinander zu unterhalten, denn beide interessierten sich für Lyrik, und sie schickte ihm ein Buch mit den gesammelten Werken des schottischen Dichters Robert Burns, das ich auch selbst lieben lernte. Es hatte einen dunkelroten, weichen Einband mit goldener Aufschrift und vergoldetem Schnitt, und man konnte es in eine passende Kassette schieben. Die Buchseiten waren dünn und zart, und oben auf jeder Seite war ein Titel in wunderschönen roten und goldenen Lettern. Man hatte seine Freude daran, bevor man überhaupt ein einziges Wort gelesen hatte, und ich verbrachte viele Stunden mit dem Versuch, den schottischen Dialekt zu entziffern, ohne daß es mir immer gelang.

Wenn sie in ihrem Urlaub nach Hause kam, mangelte es Lucy, die sehr hübsch war, nie an Verehrern, die gern mit ihr ausgehen wollten. Während eines Urlaubs bei uns, in dessen Verlauf sie schon mehrmals mit einem jungen Mann aus der Nachbarschaft ausgegangen war, der auch auf Urlaub daheim war, verkündete sie, ohne mit der Wimper zu zucken, daß ihr Freund aus London für ein paar Tage kommen werde. Wie nebenbei fügte sie noch hinzu, daß sie sich vielleicht mit ihm verloben wolle.

Für meine Mutter paßte das überhaupt nicht zusammen. Ihrer Meinung nach mußte man allen anderen Bewerbern den Laufpaß geben, wenn man solch ernsthafte Absichten hatte. Doch ihre älteste Tochter hatte andere Vorstellungen, und so begann eine lange Diskussion.

»Wir wissen ja gar nichts über diesen Burschen«, sagte meine Mutter, und in ihrer Stimme klang an, daß, da wir nichts wußten, vielleicht etwas mit ihm nicht stimme.

»Was willst du denn wissen?« war die Antwort.

»Was macht er? Wie ist seine Familie? Was hat er für eine Religion?«

Als meine Mutter eine Atempause machte, sprudelte Lucy los: »Er ist Medizinstudent in dem Krankenhaus, in dem ich arbeite; er hat einen Bruder, und seine Eltern sind sehr nett; und er glaubt an nichts.«

»Heilige Mutter Gottes im Himmel!« rief mein Vater aus, während er sich seine Mütze schnappte und zur Küchentür hinausstürmte, um sich zu seinen Tieren zu begeben, die er viel leichter verstehen konnte als seine Töchter.

Meine Mutter war entschlosen, der Sache auf den Grund zu gehen. »Wie meinst du das: 'Er glaubt an nichts'? Was glaubt er denn, woher er kommt?« bohrte sie.

Aber meine Schwester war zu schlau, um sich von meiner Mutter in eine theologische Diskussion verwikkeln zu lassen, und beruhigte sie, indem sie sie darum bat, mit ihrem Urteil zu warten, bis der Gegenstand der Diskussion zur Stelle sei. Beide einigten sich mit einem gewissen Unbehagen auf einen Waffenstillstand, den Lucy nicht gerade stabilisierte, als sie am Abend wieder mit ihrem Verehrer aus der Nachbarschaft tanzen ging.

Ein paar Tage später traf unser Mann aus London ein und erwies sich als ein sehr korrekter, wortkarger englischer Gentleman, der wahrscheinlich in seinem ganzen Leben noch nie eine Kuh gesehen hatte. Ich war von ihm fasziniert. Ein Mensch, der nicht an Gott glaubte, war etwas völlig Neues für mich, und ich war recht enttäuscht, daß er ganz gewöhnlich aussah, abgesehen von seinem elegant geschnittenen Tweedanzug, der vielleicht für eine Jagd in England sehr passend gewesen wäre, nicht aber für irische Feldwege. Nach ein paar Tagen begann er aufzutauen, und wir entdeckten, daß sich hinter dem kühlen, korrekten Äußeren ein ausgesprochen liebenswürdiger junger Mann verbarg.

Als er wieder in London war, schickte er meiner Mutter eine riesige Schachtel mit Blumen. Es waren ihre ersten Blumen, die nicht aus ihrem eigenen Garten kamen, da mein Vater noch nie den Wunsch gehabt hatte, es mit Blumen zu sagen.

Das Eintreffen der Blumen an der örtlichen Bushaltestelle führte zu einer gewissen Aufregung. An der Haltestelle gab es zwar einen Pub, dessen freundlicher Wirt Jim sich um alle möglichen Sachen kümmerte, von Ersatzteilen für Pflüge bis hin zu Bündeln von Bettdecken, doch eine Schachtel frischer Blumen bedeutete eine neue Dimension in seinem Verantwortungsbereich, denn während die meisten Dinge unbegrenzt lange in seinem Pub bleiben konnten, ohne zu Problemen zu werden, mußten die Blumen zu ihrem Empfänger gelangen, bevor sie zu welken begannen. Eine weitere Schwierigkeit bestand darin, daß die meisten Waren, die mit dem Bus ankamen, bestellt worden waren und daher auch abgeholt wurden – aber die Blumen waren etwas völlig Neues und kamen ganz unerwartet.

Doch wie alle im ländlichen Irland verfügten wir über ein lokales Kommunikationsnetz, mit dessen Hilfe das Problem bald gelöst wurde. Jim schickte eine Nachricht an Pat in der Post, er solle Martin, dem Briefträger, ausrichten, daß er am folgenden Morgen bei uns vorbeikommen und uns Bescheid geben solle, daß die Blumen auf der Theke im Pub lagen. Wahrscheinlich brauchten die Blumen länger, um von der Bushaltestelle zu unserem Haus zu gelangen, als von London zur Bushaltestelle zu kommen, aber schließlich bekamen wir sie.

Mein Vater holte sie am nächsten Tag auf dem Rückweg von der Molkerei ab, und die riesige längliche Schachtel lag wie ein Sarg aus Pappe auf den drei Milchkannen. Als er zu Hause ankam, wurde die Schachtel hochgehoben und ins Wohnzimmer getragen, wo sie feierlich auf dem großen Eichentisch aufgebahrt wurde. Der ganze Haushalt, einschließlich der Verwandten, die zu Besuch waren, und der Stallarbeiter, versammelte sich, um die Öffnungszeremonie mitzuerleben. Mit einer Ehrfurcht, die sie normalerweise nur ihrem Rosenkranz entgegenbrachte, löste meine Mutter die Bänder. Vorsichtig schlug sie die vielen Schichten weichen, weißen Seidenpapiers zur Seite – und dort lagen sie: zahllose Reihen prachtvoller Gladiolen. Meine Schwester Phil sprach aus, was wir alle dachten, als sie seufzte: »Der Kerl versteht wirklich was davon, Eindruck zu machen!«

Noch tagelang standen bei uns Gladionen in jeder Vase und in jedem Krug, im Wohnzimmer und in der Küche. Jedesmal, wenn ich in späteren Jahren Gladiolen sah, mußte ich an den Mann denken, den meine Schwester beinahe geheiratet hätte.

Auf dem Thron

Das Wunder der modernen sanitären Installationen können diejenigen von uns, die nie deren Vorläufer kennengelernt haben, nur schwer wirklich würdigen; wer aber mit dem Nachttopf oder »Pott« aufwuchs, erlebte die Toilette mit Spülung als moderne Zauberei. Ja, wenn es einen Preis für die Erfindung gegeben hätte, die eine Marktlücke am besten füllte, hätte er mit Sicherheit an den Erfinder oder die Erfinderin der Toilette mit Spülung gehen müssen.

Eine solche Toilette kam kurz nach dem Einzug des elektrischen Stroms in unser Haus, als mein Vater einen frei fließenden, sprudelnden Bach, der einen Hügel hinter dem Haus hinabfloß, kanalisierte und für einen praktischeren Zweck nutzbar machte. Als der alte Tom die Spülung in Aktion sah, erklärte er: »Donnerwetter, das ist aber 'n gewaltiges Ding, wenn man damit alles durch ein Loch runterspülen kann. Da könnte man ja glatt auf die Idee kommen, man wär' nicht mehr verantwortlich für das, was man tut.«

Als Jim neben seinem Pub eine Außentoilette installierte, bei der die Spülung durch das Ziehen an einer Kette ausgelöst wurde, fanden das alle furchtbar aufregend. Ein alter Mann saß zum ersten Mal in seinem Leben darauf und zog an der baumelnden Kette, ohne etwas von den Konsequenzen zu ahnen; panisch rannte er darauf mit seiner Hose auf Halbmast ins Pub und brüllte, daß bald alles unter Wasser stehen würde.

Der Vorfahr der Toilette, der bescheidene »Pott«, führte ein verstecktes Dasein in dunklen Ecken und düsteren Winkeln. In Gesellschaft wurde er nur selten erwähnt, und doch war er derjenige Haushaltsgegenstand, der alle sozialen Schranken überwand und in jedem Haus, vom einfachen Cottage bis zum königlichen Palast, unentbehrlich war. Aber selbst im demokratischen »Pott-Reich« gab es verschiedene soziale Schichten.

Ganz unten war ein schlichter weißer Emailletopf mit einem dunkelblauen oder roten Rand und passendem Griff. Das war der Pott des armen Mannes. Er war stapelbar und hielt auch eine grobe Behandlung aus. Wenn das passierte und ein Stück Emaille abplatzte, mußte man allerdings aufpassen, daß sich die scharfen Ränder nicht in wichtige Teile der menschlichen Anatomie bohrten, was recht unangenehm war.

Auf der nächsten Stufe war das Modell aus einfachem weißen Steingut, aber in Anerkennung seines Mittelklassenstatus wechselte seine Bezeichnung vom einfachen Pott zum wohlklingenderen »Kammertopf«. Er war schön, solide und praktisch. Nichts bröckelte ab, und nur wenn man den Topf auf den harten Steinfußboden fallen ließ, bekam er einen Sprung. Meine Großmutter entschied sich für einen solchen Topf, aber weil die gewöhnliche Haltung auf dem Nachttopf unter ihrer Würde war, versenkte sie ihn in einem Mahagonistuhl, einem sogenannten Nachtstuhl, der einen falschen Boden hatte, in dem sich der Nachttopf verbarg.

Die Arbeitskollegen des Nachttopfs waren ein großer Porzellankrug und eine Schüssel. Weil es kein Wasser aus der Leitung gab, wurde der Krug jeden Tag mit Wasser aus der Regentonne gefüllt, das bei Bedarf zum Waschen in die Schüssel gefüllt wurde. Man wusch sich mit kaltem Wasser, wenn man kein Gefolge von Dienern hatte, die einem heißes Wasser holten. Nach dem Waschen goß man das Wasser in einen weißen Emailleeimer, den man später hinaustrug und ausleerte.

All das spielte sich am Waschtisch ab, der ein rundes Loch in der Mitte haben konnte, in welches die Schüssel hineinpaßte; häufiger jedoch war er mit einer Marmorplatte abgedeckt und hatte eine bunt gekachelte Rückwand. Einige Waschtische hatten unten ein Fach mit einer kleinen Tür, in dem der Nachttopf im Verborgenen lebte. Neben dem Krug und der Schüssel standen gewöhnlich eine passende Seifenschale und ein Rasierbecher und manchmal noch ein Gefäß aus Knochen für die Kragenknöpfe der Männer.

Auf der höchsten Stufe stand der mit Blumen, meist mit rosa Rosen oder blauen Vergißmeinnicht, verzierte Oberschicht-Nachttopf. Seine Kollegen in den Schlafzimmern prunkten in denselben Farben und waren recht dekorativ; einige waren auch farblich auf die Bilder an den Wänden abgestimmt. Es gab Nachttöpfe, auf denen ein Blumenrelief zu bewundern war und die von der Vielfältigkeit und Feinheit der Muster und Farben her wirkliche Kunstwerke waren. In manchen Haushalten war ein besonderer Nachttopf – reich verziert und nicht für gewöhnliche Hinterteile gedacht – eigens für Besucher reserviert.

Der Pott mußte täglich geleert werden, und diese delikate Aufgabe erledigten die älteren weiblichen Mitglieder des Haushalts, nachdem sie sich vergewissert hatten, daß kein überraschender Besuch in der Gegend war. Wenn meine Großmutter die Situation falsch eingeschätzt hatte und sich ihr plötzlich jemand näherte, der dort war, wo er nicht sein sollte, nahm sie blitzschnell ihre lange, schwarze Schürze und bedeckte alles, was vor ihr war. Die Tatsache, daß sie dadurch mit ihren fünfundsiebzig Jahren eindeutig schwanger aussah, störte sie nicht im mindesten.

Wenn sie Gäste hatte und wissen wollte, ob jemand das Bedürfnis hatte, ihren Nachttopf zu benutzen, fragte sie: »Möchten Sie sich setzen?« oder »Möchten Sie sich frischmachen?« Als ich dieses höflich formulierte Angebot zum ersten Mal hörte, war ich etwas verwirrt, weil ich sah, daß die Dame, an die meine Großmutter ihre Frage gerichtet hatte, bereits saß und ganz frisch aussah. Ich kannte jedoch meine Großmutter gut genug, um die Angemessenheit ihrer Ausdrucksweise nicht in Frage zu stellen, und nach einer Weile gelang es mir, zu entschlüsseln, was sie meinte.

Eine Nachbarin von uns sah sich veranlaßt, ihren Nachttopf zu benutzen, um unwillkommene männliche Leidenschaft abzukühlen. Ein betrunkener Besucher wollte partout nicht damit aufhören, in den frühen Morgenstunden an ihre Vordertür zu klopfen. Nach wiederholten Versuchen, ihn zum Abzug zu überreden, riß sie schließlich in einem Wutanfall ein Fenster über der Tür auf und taufte ihn mit einem gemischten Segen, der sich als sehr wirksam erwies und ihn schnell verscheuchte. Ein anderer alter Nachbar benutzte seinen Steingutnachttopf, nachdem der Griff abgegangen war, als Spardose und bewahrte ihn weiterhin unter dem Bett auf.

Derselbe alte Mann verwendete einen unbenutzten Nachttopf, den er in Reserve hatte, um unwillkommene Gäste loszuwerden. Sie hatten sich selbst eingeladen und wollten ein paar Tage bleiben, und er war mit seiner Weisheit am Ende, wie er sie zur Abreise bewegen könnte, als er plötzlich einen Geistesblitz hatte. Er holte den neuen Nachttopf, tat aber so, als sei es der, den er unter seinem Bett hatte. Dann stellte er ihn auf den Küchentisch und begann, das Geschirr darin zu waschen. Seine Gäste verabschiedeten sich umgehend.

Der Pott hatte viele Namen: Leute mit einer musikalischen Ader nannten ihn »das Piano«. Wer literarische Ambitionen hatte, sagte: »Das, wo man sich mit seinem Edgar Allan draufsetzt.« Wer mehr zum Medizinischen neigte, bezeichnete ihn als »das Gefäß«. Für uns Kinder war er das »Thrönchen«, für ganz Respektlose der »Pißpott«. Doch der Name, der mir am besten gefiel, stammte von meiner guten alten Freundin Molly: der »Untendrunter«.

Der einst bescheidene Nachttopf ist seitdem in den erlauchten Kreis der Antiquitäten aufgestiegen und bei Sammlern sehr begehrt. Kürzlich erzielte ein Wedgwood-Modell bei einer Auktion einen stolzen Preis, und ich mußte lächeln beim Gedanken an seinen verstorbenen Besitzer, einen exzentrischen alten Mann, der sich geweigert hatte, seine zerbrechliche Anatomie dem modernen Wunder der Toilette mit Wasserspülung anzuvertrauen, mit dem Argument, nur die Körperhaltung auf dem Nachttopf bringe die Dinge richtig in Bewegung. Nun sollte aus seinem geliebten Pott ein teurer Blumentopf werden, und ich zweifelte nicht daran, daß er das für ein passendes Ende eines so praktischen Gegenstands gehalten hätte.

Der schwarze Boden

Eine Fahrt in die Stadt Cork war für mich als Kind etwas ebenso Besonderes wie eine Reise in ein fernes Land, und bei einem dieser seltenen und wunderbaren Ausflüge entdeckte ich die Welt der Bücher. Eine Sammlung von gebundenen Klassikerausgaben, die ich bei Woolworth fand, war für mich der Schlüssel zu einer anderen Welt. Ich kaufte die Bücher einzeln und brachte Stück um Stück aus der Stadt nach Hause, und wenn ich besonders gut bei Kasse war, nahm ich manchmal gleich zwei mit.

Ich weinte über die Hungersnot des armen Oliver Twist und freute mich unbändig, als er schließlich in ein besseres Leben flüchten konnte. Mit Begeisterung verschlang ich andere Bücher von Dickens, und seine Helden gefielen mir sehr – aber sie alle verblaßten völlig, als ich mich der Lektüre aus dem Norden zuwandte: Ich begegnete den düsteren Brontës und wurde in den fesselnden Konflikt zwischen den Verhaltensnormen ihrer Zeit und den mächtigen Strudeln der Leidenschaft, der in ihren Werken verkörpert war, hineingezogen. Ich las ihre Bücher wieder und wieder, bis ich das Gefühl hatte, die ganze Familie persönlich zu kennen, und ich glaubte, daß ich mich in ihrem abgeschiedenen Haus und auf dem einsamen Moor ohne weiteres zurechtfinden würde. Das einzige, das mich in der Welt der Brontës enttäuschte, war der kalte, distanzierte Vater, der in keinem Verhältnis zu unserem lebhaften und dramatischen Vater stand, der unsere Geduld zwar manchmal bis aufs äußerste strapazierte, aber in dessen Gesellschaft es nie einen langweiligen Augenblick gab.

Diese preiswerten Klassikerausgaben hatten einen cremefarbenen Einband, waren auf weichem cremefarbenen Papier gedruckt und solide gebunden, so daß sie nicht auseinanderfielen. Wenn sie neu waren, rochen sie nach einer fremden Welt, der Welt der Phantasie, und ich liebte den Duft so sehr, daß ich immer wieder mit der Nase über die Seiten fuhr, um ihn einzuatmen. So wie manche Gärten einen mit ihren Düften willkommen hießen und manche Häuser ihre besondere Atmosphäre hatten, deutete mir ein neues Buch dadurch, wie es sich anfühlte und wie es roch, sein inneres Leben an. Die Bücher bei Woolworth kosteten drei Shilling das Stück, ein Betrag, der nur schwer zu beschaffen war; und da mein Lesehunger immer meinen Vorrat an Münzen überstieg, war ich ständig auf der Suche nach Möglichkeiten, zu Hause etwas Geld für besondere Aufgaben zu verdienen.

Wir Kinder feilschten mit meinem Vater darum, wieviel wir pro Furche für das Verziehen von Rüben oder das Lesen der Kartoffeln bekommen sollten, und manchmal mußten wir mit Streik drohen, um an unseren Verdienst zu kommen. Wenn ein Kalb, ein Ferkel oder ein Lamm krank war, wurden wir zu Pflegeeltern, und wenn es später verkauft wurde, meldeten wir unsere Ansprüche auf einen Teil des Preises an.

Eine weitere Geldquelle waren »Gastspiele«, wie wir sagten: Oft griffen Freunde und Verwandte, die zu Besuch kamen, in ihre Tasche und holten eine Kupfer- oder Silbermünze heraus. Kupfer war das Übliche, aber ab und zu bekamen wir eine silberne oder stießen gar auf eine Ölquelle, denn mit einem Shilling konnte man viel kaufen, und eine halbe Krone war ein Vermögen.

Ein Freund meines Vaters gab mir eine halbe Krone, als er an einem Markttag mit ihm ein Pint trank, und ich traute meinen Augen kaum. Ich habe nie vergessen, wie gut er zu mir war und wie er lächelnd sagte: »Viel Spaß beim Ausgeben!«

Das Ausgeben machte mir in der Tat Spaß, weil ich das Geld als Anzahlung für mein heißgeliebtes Buch »Little Women« verwendete. Jahre später reiste ich viele Meilen, um bei der Beerdigung des Mannes dabeizusein, der mir den Schlüssel zur Welt der Louisa May Alcott in die Hand gegeben hatte.

Wir besaßen kein Auto, ebensowenig wie unsere Nachbarn, aber im Städtchen gab es einen Taxifahrer, der ein- oder sogar zweimal in der Woche nach Cork fuhr, wenn er eine Fuhre hatte. Es gab auch einen Bus, der jeden Tag frühmorgens abfuhr und spätabends zurückkam, aber seine Route schlängelte sich weit über das umliegende Land; also war das bequeme und praktische Taxi unsere erste Wahl.

Jim, der Taxifahrer, war auch der Wirt im Pub, und so warteten wir auf den hohen Barhockern darauf, von ihm nach Cork gefahren zu werden. Während wir warteten, nippten wir an sprudelnder, brauner Limonade und sahen den alten Männern zu, die schaumige, schwarze Pints tranken. Jims Pub war wie die meisten nicht allein auf den Verkauf von Getränken beschränkt, sondern man konnte dort auch Nadeln, Haarnadeln und Gummiband kaufen.

Jim war ein wichtiger Teil in unserem Leben und in dem unserer Nachbarn; er war stets geduldig und freundlich und konnte mit den Geschichten, die er erzählte, jede Reise verkürzen. Er war bei den wichtigsten Anlässen im Leben der meisten Menschen in der Nachbarschaft dabei, weil er die Leute zu und von Hochzeiten, Beerdigungen, Taufen und anderen Familienereignissen fuhr. Während seiner Jahre als Taxifahrer war er Zeuge der Lebensgeschichten vieler Familien geworden, aber er behandelte jede so, als sei sie seine eigene, und plauderte nie aus, was man ihm anvertraute.

Da er sich mit dem, was in Familien passierte, so gut auskannte und so großes Verständnis dafür hatte, wurde er oft gerufen, um Familienprobleme zu klären. Als sich Lucy einmal während ihres Urlaubs daheim über ihren Verdienst als frischgebackene Krankenschwester beschwerte, fragte er sie, wieviel sie denn bekomme; sie sagte es ihm, und er bemerkte ganz ruhig: »Manch ein Mann ernährt damit seine Frau und seine Kinder.« Später war sie froh, daß er die Dinge für sie geradegerückt hatte.

Mit jeder Fahrt nach Cork wuchs meine Büchersammlung an, und bald brauchte ich einen eigenen Platz dafür. Das Haus hatte einen alten Speicher, den wir den »schwarzen Boden« nannten, weil nur durch eine kleine Dachgaube und ein winzig kleines, tiefliegendes Fenster in der Giebelwand, von dem aus man das Wäldchen überblicken konnte, ein wenig Licht drang. Als wir klein waren, zwängten wir uns manchmal durch dieses Fenster, das auf das Dach des alten Steinhauses und von dort nach unten in das Wäldchen führte, aber später wurden wir zu groß für dessen Miniaturproportionen. Die Dachgaube war das bessere der beiden Fenster, weil sie einen Blick über die Felder bot: Von dort konnte ich – aus sicherem Abstand – die alte Steinschule sehen und die kleine Brücke über den Fluß, der zwischen hohen Ufern dahinkroch und eine natürliche Grenze zwischen benachbarten Höfen bildete.

Der »schwarze Boden« war mein Rückzugsort, und ich erschuf mir dort eine eigene Welt inmitten der Relikte der Vergangenheit: der Familienwiege und dem Kinderbettchen aus Messing, in denen ich, da ich die Jüngste in der Familie war, als letzte geschlafen hatte; hier waren auch die Butterfässer und das Pferdegeschirr – das zu abgenutzt war, um noch brauchbar zu sein, aber darauf wartete, an einem Regentag geflickt zu werden, wenn es nicht schließlich doch noch den Weg zum Sattler finden sollte. Der Putz bröckelte von den Wänden, und unter der Decke kamen die Dachbalken zum Vorschein; die Dielen hingen durch, so daß man die Decke des darunterliegenden Zimmers sehen konnte und unbedingt darauf achten mußte, vorsichtig aufzutreten, um den Dachboden nicht übereilt und ungewollt nach unten zu verlassen.

Vom Schlafzimmer meiner Eltern, das sich in einem neueren Teil des Hauses befand, der auf das alte Haus aufgestockt worden war, führten drei Stufen hinunter zum schwarzen Boden. Genau hinter der Dachbodentür war eine abgesackte Diele, die unvorsichtige Besucher leicht zum Stolpern bringen und dadurch bewußtlos machen konnte. An der Rückwand führte eine Treppe in ein Zimmer unter dem Wohnzimmer, das als Gästezimmer benutzt wurde und dessen Erkerfenster zum Garten hin lagen. So hatte ich mehr als nur einen Fluchtweg, wenn ich unangenehmen Arbeiten entgehen wollte, obwohl die Treppe an der Rückwand eigentlich wegen ihres bedenklichen Zustands nicht benutzt werden durfte. Ich liebte den Nervenkitzel, sie als Notausgang zu benutzen; wenn ich über die Löcher sprang, genoß ich das prickelnde Gefühl, zu wissen, daß ich, falls ich in eins der schwarzen Löcher unter mir fiel, vielleicht für immer verschwunden wäre.

Mäuse hatten sich auf dem Dachboden heimisch gemacht, und bevor ich ihn betrat, warnte ich sie immer vor, indem ich einen Stiefel meines Vaters in den Raum warf, woraufhin sie brav in alle Richtungen auseinanderstoben und sich aus Respekt vor meiner Anwesenheit auch nicht wieder blicken ließen. Sie waren allerdings weniger rücksichtsvoll, was ihre Angewohnheit betraf, Zeichen ihrer Besuche zu hinterlassen. Auch fanden sie unglücklicherweise Geschmack an unserem selbstgemachten Leim – einer Paste aus Mehl und Wasser, die sie offenbar nicht als Klebstoff ansahen, sondern als eine Nahrung, die ihnen der Himmel gesandt hatte. Sicher wäre ihnen so manches Sammelalbum und selbstgemalte Bild zum Opfer gefallen, wenn sie nicht durch undurchdringliche Eisentruhen geschützt gewesen wären.

Sammelalben waren die ideale Möglichkeit, um den strahlenden Filmstars der Zeit seine private Huldigung zu erweisen, und es war eins meiner Hobbys, Filmzeitschriften zu sammeln und Alben über meine Lieblingsstars zusammenzustellen. Elizabeth Taylor, Ava Gardner und Rita Hayworth waren die herausragendsten weiblichen Schönheiten, und Stewart Grainger, Montgomery Clift und Clark Gable waren die umwerfenden männlichen Helden. Manchmal gingen wir an einem Sommerabend, wenn die Kühe gemolken waren, ins Städtchen, um einige der Stars im Kino in Aktion zu sehen. Meine Mutter hielt nicht allzuviel von den barbusigen Schönheiten, die häufig ihren Ehemann wechselten, aber als ich mich für die britische Königsfamilie zu interessieren begann, begrüßte sie das schon eher, denn auch wenn sie weit entfernt von uns war, so war ihre Moral jedenfalls über jeden Tadel erhaben.

Ich mußte auf den Luxus eines eigenen Zimmers verzichten, weil die Nachfrage das Angebot überstieg, und so teilte ich ein Zimmer mit meinen Schwestern und in den Ferien mit all den Cousinen, die zu Besuch waren; und dies führte oft dazu, daß wir bis spät in die Nacht redeten, bis mein Vater gegen die hölzerne Trennwand hämmerte und uns schließlich zur Ruhe brachte. Aber niemand sonst interessierte sich für den schwarzen Boden, und so wurde er zu meinem privaten Reich. Im Sommer war es dort sehr heiß und im Winter eiskalt, und weil das Fenster nicht richtig schloß, kam das Wetter von draußen manchmal herein. Stürmischer Wind blies Regentropfen herein, und bei einem Schneesturm wirbelten Schneeflocken durch das Fenster und fielen wie Flaumfedern auf den nackten, staubigen Boden. Diese Umstände schreckten mich jedoch nicht ab, und hier schrieb ich auf einem wurmstichigen und wackeligen Tisch mit einem zu kurzen Bein meine erste Erzählung.

Eine Zeitlang versuchten sich meine Schwestern und ich im Stegreiftheater. Am Anfang benutzten wir die Küche als Bühne und den Raum neben der Küche als Garderobe, doch bald erschien uns das als zu dilettantisch, und wir zogen auf einen Speicher über den Ställen. Normalerweise wurde dort Stroh gelagert, aber vor der Ernte stand er leer. Wir konnten ihn gut gebrauchen. Alte Vorhänge aus dem Wohnzimmer wurden hergerichtet und Requisiten aus Haus und Hof zusammengetragen.

Da wir kein Manuskript hatten, erfanden wir beim Spielen den Text, was oft dazu führte, daß das Ensemble in lange, hitzige Diskussionen auf der Bühne geriet, weil die Dialoge nicht aufeinander abgestimmt waren. Dann wurde eine Pause angeordnet, und wir gingen das Ganze durch, bevor wir weiterspielten. Wir waren ein Stegreifensemble, und da das Publikum einer Aufführung bei der nächsten selbst auf der Bühne stehen konnte, neigten wir dazu, uns mit Kritik zurückzuhalten. Manchmal nahmen wir uns vor, ein Stück aufzuführen, das wir im Radio gehört hatten, aber wenn der Autor zufällig vorbeigekommen wäre, hätte er es vermutlich nicht als sein Werk erkannt.

Wir vertrieben uns manchen Regentag oben auf dem Speicher, bis meine Mutter beschloß, einen Hühnerstall daraus zu machen, wogegen wir entschieden protestierten; aber unsere Bedürfnisse waren bedeutungslos verglichen mit denen der Hühner, und so zogen wir für den Sommer nach draußen und führten unsere Stücke unter den Bäumen im Wäldchen hinter dem Haus auf. Der einzige, der uns beständig unterstützte, war unser alter Freund Bill: Er spielte Souffleur, wenn irgendeine Schauspielerin nichts mehr zu sagen wußte, und war gleichzeitig das entgegenkommendste Publikum, das man sich vorstellen kann.

Mein Vater erlaubte uns nicht, mit unserem Ensemble auf den schwarzen Boden umzuziehen – was ich vorgeschlagen hatte –, da er fürchtete, daß wir im Rausch eines wirklich großen Dramas die abgesackten Dielen vergessen könnten und eine von uns mit dem Fuß auf die falsche Stelle treten und durch die Wohnzimmerdecke fallen könnte. So blieben wir ein Wandertheater und zogen in jeden Stall, Taubenschlag oder Schweinekoben, der gerade leerstand, wenn es auch manchmal nicht leicht war, das Aroma der bisherigen Bewohner auszumerzen.

Ich bemühte mich tapfer, Stücke für unsere Aufführungen zu schreiben, aber sie wurden auf der Bühne auseinandergenommen und auf bestimmte Darstellerinnen zugeschnitten. Alle Mitwirkenden waren weiblich, da mein Bruder seinen eigenen Boxclub gegründet hatte. Eine leere Ecke der Scheune war zum Boxring erklärt worden; und manchmal, wenn wir kein Stück aufführten, wurden wir zum Ringpublikum und spornten denjenigen Champion an, der unser Favorit war.

Als ich zum ersten Mal Boxhandschuhe sah, war ich von ihrer Größe fasziniert, und wenn mein Bruder einen Sparringspartner brauchte, zog ich schon mal die Handschuhe an und lernte, herumzutänzeln, mich abzuducken und im Zickzack zu bewegen. Gewöhnlich benutzte er einen Punchingball, der von den Dachbalken der Scheune herunterhing, aber er versicherte mir, daß ich geringfügig besser war.

Wir begannen uns für Boxmeisterschaften zu interessieren und drängten uns um das Radio, um die Geschicke von Joe Louis und Bruce Woodcock und anderen Boxchampions, besonders den irischen, zu verfolgen. An dem Abend, als Rinty Monaghan Weltmeister wurde und das Lied »When Irish Eyes Are Smiling«

sang, tanzten wir alle vor Freude in der Küche herum, und wir verfolgten mit dem allergrößten Interesse die Laufbahn des Helden aus unserer eigenen Gegend, des irischen Mittelgewicht-Champions Pat O'Connor.

Der schwarze Boden blieb der Winkel, wo ich hinging, um allein zu sein. Wenn im Frühling die Schwalben kamen, renovierten sie ihre alten Nester unter dem Dach neben dem Fenster, und ich sah zu, wie sie hinein- und hinausschwirrten. In den Sommermonaten saß ich manchmal abends in dem kleinen Fenster, um zu beobachten, wie sich die Schatten schräg über die Felder legten, und zuzuhören, wie der Wachtelkönig unaufhörlich dieselbe Melodie ertönen ließ, wie eine Schallplatte, bei der die Nadel hängengeblieben war. Die monotone Gleichmäßigkeit seines Singsangs verschmolz so vollständig mit dem Chor der nächtlichen Stimmen, daß ich manchmal gar nicht merkte, wenn er verstummt war.

In unserer Familie hatten alle das Bedürfnis nach einem stillen Fleckchen, wohin wir uns von Zeit zu Zeit zurückziehen konnten, und wenn ich in der Stille des Abends von meinem Ausguck ganz oben im Haus hinausblickte, sah ich oft meinen Vater die Felder hinunter zu seinem eigenen Fleckchen am Fluß gehen. Ich beobachtete ihn gern, wie er so vor sich hin schlenderte, die Hände in den Taschen, die Mütze ganz nach hinten geschoben, während die Hunde, die ihn begleiteten, wirkliche oder eingebildete Kaninchen durch die Büsche jagten. Jetzt entspannte er sich, ließ die Sorgen des

Tages hinter sich und ging zu seinem Lieblingsplatz hinunter, um die Fische springen zu sehen und den Klängen der Natur zu lauschen.

Späte Hochzeit

Mike und Maud hatten einen kleinen Bauernhof auf dem Hügel jenseits des Flusses. Sie wohnten zu weit entfernt von uns, als daß ich sie als Kind besucht hätte, aber je älter ich wurde, um so kürzer ward der Weg.

Mike war schon weit über fünfzig gewesen, als er beschlossen hatte, daß eine Frau seinem Leben mehr Würze verleihen könnte, aber weil es nie seine Art gewesen war, sich selbst um etwas zu bemühen, gab er einfach an den richtigen Stellen bekannt, daß er zu haben war, und hoffte, eine passende Frau werde zu der Überzeugung gelangen, daß er genau derjenige war, den sie haben wollte. Er war ganz realistisch, was seine Erwartungen und das, was er zu bieten hatte, anging. Wie er es später ausdrückte, war er nicht auf der Suche nach »einem flatterhaften jungen Ding, bei dem ich in Null Komma nichts schlappmachen würde«. Er wünschte sich Kameradschaft mit einer Spur Aufregung – aber wirklich nur einer ganz kleinen Spur, betonte er, denn er brauche noch Reserven für seine Greyhounds, die große Liebe seines Lebens. Ja, die einzige Bedingung, auf der er bestand, war, daß seine zukünftige Frau seine Hunde wie ihn selbst lieben müsse.

Nach einer Weile präsentierten ihm seine Freunde, die er durch die Greyhounds kennengelernt hatte, die Lösung; da sie selbst Hundenarren waren, wußten sie genau, was Mike suchte, und so kam Maud in sein Leben.

Sie waren schon über zwanzig Jahre verheiratet, als ich sie regelmäßig zu besuchen begann. Mike erzählte furchtbar gern die Geschichte, wie Maud seine Frau geworden war. Wie er sagte, hatte Maud eine Schwester, und mit dieser hatte er sich zuerst getroffen; sie hatten beschlossen zu heiraten, aber am Hochzeitsmorgen war sie erkältet, und so war Maud an ihrer Stelle gekommen.

Maud selbst widersprach dieser Darstellung nicht, bestätigte sie aber ebensowenig, sondern schüttelte nur den Kopf und sagte: »Wir müssen wissen, welcher Wind ums Haus weht«, und vielleicht war dies das Geheimnis ihrer glücklichen Ehe. Mike nahm sich die Freiheit, wie ein Junggeselle zu leben, während sich Maud um den Hof kümmerte. Er hatte noch nie einen besonderen Hang zum Arbeiten gehabt, sie aber hatte gemeinsam mit einer Schwester und zwei Brüdern einen kleinen abgelegenen Hof in den Bergen versorgt und hatte nun den Wunsch und die Fähigkeit, viel mehr Verantwortung zu tragen. »Sie hat ihren eigenen Kopf«, bemerkte Mike immer wieder anerkennend. Da er selbst gern die Hände in den Schoß legte, bewunderte er arbeitsame Menschen sehr, ohne ihnen jedoch nacheifern zu wollen. Er war tolerant, und Maud war heiter und gutmütig, und sie hatte, wie Mike sagte, »ihr Herz am rechten Fleck«.

Mike war nicht lange zur Schule gegangen, aber er interessierte sich sehr für die Wunder der Natur und den Lauf der Planeten. Als einer der Söhne unseres Nachbarn sein Examen als Lehrer abgelegt hatte, gab er in der Dorfschule Abendunterricht für Leute wie Mike, die in der Schule zu kurz gekommen und nun begierig waren, ihren Wissenshorizont zu erweitern. Diese Schüler waren eine interessierte und interessante Schar, und der junge Lehrer Dan empfand sie gewiß als einen ziemlichen Gegensatz zu denen, die er tagsüber unterrichtete. An einem Abend bemühte er sich, mit Hilfe eines Globus zu erklären, wie sich die Welt um die eigenen Achse dreht und mit welcher Regelmäßigkeit das geschieht – aber das war zuviel für Mike, der mit der Hand auf die Bank schlug: »Nun red' doch um Gottes willen keinen Unsinn, Dan. Ich bin seit fünfundsiebzig Jahren da drüben auf dem Hof«, rief er aus und zeigte aus dem Schulfenster in die Richtung seines Hauses, »und der verdammte Boden hat sich kein Stück von der Stelle gerührt!«

Als der elektrische Strom bei uns Einzug hielt, war Mike von all den Apparaten, die es auf einmal gab, fasziniert, und er war der erste in unserer Gegend, der eine elektrische Heizdecke hatte. Er schaffte sich auch eine elektrische Uhr an und war begeistert, daß sie immer richtig ging. Jahrelang war er einem launischen Wecker ausgeliefert gewesen, der sich, ähnlich wie er selbst, immer mal wieder eine Ruhepause gönnte. Mike hatte den alten Wecker sowohl in der Küche als auch im Schlafzimmer benutzt, aber nun ordnete er für ihn permanenten Schlafzimmerdienst an, während ihn die neue elektrische Uhr in der Küche ablöste.

An einem Regentag beschloß Mike, zu erforschen, warum der Wecker so oft falsch ging. Maud war in die Stadt gegangen, und so hatte er das Haus für sich. Er zog den Küchentisch vor den Kamin, setzte sich gemütlich hin und machte sich daran, den Wecker zu zerlegen. Jedes Schräubchen und jedes Rädchen wurde herausgenommen und sorgfältig auf eine Zeitung auf den Tisch gelegt, und Mike verbrachte ein paar vergnügliche Stunden damit, das komplizierte Innenleben seines Zeitmessers zu studieren. Er hatte sich beim Auseinandernehmen jedes Teil sorgsam eingeprägt, doch als er alles wieder zusammengesetzt hatte, stellte er fest, daß ein Rädchen übriggeblieben war.

»Weißt du was«, sagte er zu Maud, »es ist kein Wunder, daß der Wecker immer falsch gegangen ist: Der Dummkopf, der ihn gemacht hat, hat ein Rädchen zuviel reingetan!«

Der Wecker tickte natürlich nie wieder.

Mike und Maud hatten keine Kinder, weil, wie er es ausdrückte, die Zeit gegen sie war, eine Tatsache, für die er ewig dankbar war. Er litt unter keinem unerfüllten Kinderwunsch, im Gegensatz zu seinem Nachbarn und Freund Pat O'Shea, der in Versen darüber klagte, keinen Sohn und Erben zu haben:

Felder, grün und schön,
Und niemand für sie da;
Sie narrte Pat O'Shea:
Sie sagte mir, sie sei

Vierundzwanzig Jahr',
Doch vierzig war sie schon
Und noch viel mehr.
Sie narrte Pat O'Shea:
Meine Felder, grün und schön,
Und niemand für sie da.

Mike empfand nur wenig Mitleid für Pat, und er sagte immer, was Maud mit dem Land mache, wenn er einmal tot sei, sei allein ihre Sache. Und als er wirklich starb, waren seine letzten Worte an Maud, sie solle sich um seine Greyhounds kümmern.

Wie mit allem in seinem Leben wurde Mike auch mit dem Tod spielend fertig. Eines Morgens fühlte er sich nicht wohl und blieb im Bett, und gegen Mittag schloß er einfach die Augen und starb.

Maud geriet nicht leicht in Panik, also ließ sie erst nach einer gewissen Zeit Mrs. Casey kommen, um ihn aufzubahren.

Als Mrs. Casey an unserem Haus vorbeikam, rief sie meine Mutter, und als die beiden in Mikes Haus ankamen, sprach meine Mutter mit Maud, während Mrs. Casey ins Schlafzimmer ging. Nachdem noch ein paar Nachbarn eingetroffen waren, winkte Mrs. Casey meine Mutter ins Schlafzimmer.

»Irgend etwas stimmt hier nicht«, erklärte sie. »Er kühlt nicht aus.«

»Was in Gottes Namen meinst du?« fragte meine Mutter erstaunt.

»Mike ist lange genug tot, um kalt zu werden, aber er wird nicht kalt. Ich habe schon so manchen Toten aufgebahrt, und ich weiß, wie sich Tote verhalten, doch Mike verhält sich nicht wie ein Toter.«

»Aber er muß doch tot sein«, beharrte meine Mutter, die nicht recht wußte, wie sie sich in dieser Situation verhalten sollte. »Er sieht jedenfalls tot aus.«

»Ja, aber er fühlt sich nicht tot an«, sagte Mrs. Casey und legte ihre Hand auf Mike.

Als sie über ihr Dilemma nachgrübelten, kam Maud ins Zimmer und sah, wie die beiden Mike anstarrten. »Was ist los?« fragte sie. »Warum bahrt ihr ihn nicht auf?«

»Es ist so, Maud«, erklärte Mrs. Casey, »Mike ist warm, und er müßte kalt sein.«

»Oh«, sagte Maud verdutzt und ging zum Bett. Sie untersuchte Mike und das Bett, und dann hellte sich ihr Gesicht auf, und sie lächelte: »Ach, der alte Teufel«, rief sie aus, »er hat die Heizdecke eingeschaltet – das fand er so gemütlich.«

Sie ging an das Fußende des Betts und schaltete Mike aus, und Mrs. Casey konnte mit ihrer Arbeit weitermachen.

Maud starb ein paar Jahre nach Mike, und nun ist ihr kleines Haus ganz verfallen. Sie waren ohne große Erwartungen auf beiden Seiten in die Ehe gegangen, und doch war ihr Heim stets voller Zufriedenheit und Heiterkeit gewesen.

»Kommt anständig nach Hause«

Nichts war so aufregend wie der Karneval, der jedes Jahr im Juni in die Stadt kam. Wir säumten die Straße und warteten gespannt auf die Kostümparade, und wenn sie in Sicht war, quietschten wir vor Vergnügen und strengten unsere Augen an, um unsere geheimnisvollen Nachbarn in ihren Kostümen zu erkennen. Die Karnevalsprinzessin mit ihrem funkelnden Stirnreif und ihren Hofdamen in bunt schillernden, bodenlangen Kleidern war die prachtvollste von allen, und all wir kleinen Mädchen in unseren sonnengebleichten, von älteren Geschwistern geerbten Kleidern beneideten sie.

Als der Umzug vorbei war, gingen wir zum »Rummel«, wo wir auf den Schiffsschaukeln hoch in die Luft flogen und um das große Glücksrad herumrannten, in dem Puppen und Porzellanservice miteinander wetteiferten, Mütter und Väter zu verführen.

Mein Vater ging nicht zum Karneval, sondern blieb daheim und rauchte am Küchenfeuer seine Pfeife, dankbar für das seltene Vergnügen, das Haus für sich allein zu haben. Bei solchen Gelegenheiten zündete er nie die Lampe an, sondern saß in der einbrechenden Dunkelheit, die nur vom gelben Flackern des Torffeuers und dem roten Glühen seiner Pfeife erleuchtet wurde. Wenn wir gegen Mitternacht nach Hause kamen, platzten wir in sein Reich der Stille und überschütteten ihn mit Geschichten, wie wir beim Glücksspiel Geld verloren und gewonnen hatten, wie wir auf den Karussells gefahren waren und wie aufregend der Tag gewesen war. Er hörte uns geduldig zu, bis er die erstbeste Gelegenheit ergriff, nach oben ins Bett zu flüchten.

Wir verließen den Rummelplatz bei Einbruch der Nacht, aber bevor wir nach Hause gingen, drängten wir uns vor der Tür des alten Tanzsaals, der sich über einer Werkstatt auf einem Feld befand. Das Feld war hügelig, und die Werkstatt schien hinten in den Hügel eingegraben zu sein, während der Tanzsaal, dessen Türen auf die Straße führten, auf ihrem Rücken zu reiten schien. Wir sahen mit offenen Mündern zu, wie unsere älteren Schwestern und die Mädchen aus der Nachbarschaft mit gelocktem Haar und schwingenden Röcken hineingingen. Locken waren in Mode, und niemand wollte zugeben, glatte Haare zu haben, außer den alten Damen, die ihr Haar zu einem Knoten oder »Dutt« am Hinterkopf festgesteckt hatten. Wie beneideten wir diese strahlend schönen Mädchen!

Wenn die Tür aufging und wir einen kurzen Blick in den Saal selbst erhaschen konnten, bot sich uns ein Bild wie aus einer anderen Welt. Glitzernde Kugeln hingen von der Decke, der Fußboden glänzte wie Ahornholz, und Fetzen bekannter Melodien drangen bei jedem Aufschwingen der Tür nach draußen. Wir wußten, welche Musik gerade angesagt war, und die

Band spielte all unsere Lieder. Bei Guy Mitchell flogen die Beine nur so durch die Luft, während Frankie Lane und Nat King Cole das Tempo langsamer werden ließen.

Schließlich wurden wir von meiner Mutter oder einer Nachbarin weggezerrt, oder meine Schwester Sarah kam zur Tür des Tanzsaals, um uns alle nach Hause zu schicken. Wenn wir noch ein paar Pennies übrig hatten, gingen wir in einen kleinen Laden, der über Karneval bis spätabends aufhatte, und legten unser Geld zusammen, um eine Tafel Schokolade für den Heimweg zu kaufen. Eine ganze Tafel Schokolade war ein unerhörter Luxus, und so brachen wir eine Tafel in Stücke und teilten sie auf, und manchmal mußten die Stücke nochmals durchgebrochen werden, damit jeder ein bißchen davon bekam. Das Wunder der Brotvermehrung war für uns kein Wunder.

Wir gingen die alte Straße, wie der Weg nach Hause genannt wurde, hinauf, und die Klänge der Musik wurden schwächer. Schon bald wurden sie vom Ruf des Wachtelkönigs und dem gelegentlichen Krähen des Fasanenhahns ersetzt. Der Mond schien herab, beleuchtete den Weg vor uns und warf Schatten auf die Hecken; es machte uns Spaß, uns vorzustellen, daß alle möglichen Gespenster in diesen Schatten lauerten, und das löste oft ein ungeplantes Wettrennen auf der Straße aus. Wenn wir außer Atem waren, hielten wir taumelnd an und setzten uns auf einen moosbewachsenen Erdwall, um uns zu erholen. Hier erzählten wir uns

Geschichten, oder, wenn wir mehr Mädchen als Jungen waren, planten wir, was wir anziehen würden, wenn wir alt genug wären, um zum ersten Mal tanzen zu gehen. Dann gingen wir wieder los, versanken für ein paar Minuten in Schweigen und konnten die Kühe hinter den Wällen schnauben und Gras fressen hören. Wir lehnten uns gegen ein eisernes Gatter, und ein paar von uns kletterten hinauf, um sich draufzusetzen und die Kühe im Mondlicht zu beobachten. Nur selten sahen wir die Gegend so spät abends: Sie hatte etwas unheimlich Stilles an sich unter dem Mond, mit den Bauernhäusern, die sich an die Hügel kauerten, und den Bäumen, die sich am Horizont duckten, wie dunkle, schattenhafte Figuren.

Und dann waren Jahre vergangen, der Karneval war wieder in der Stadt, und ich war sechzehn und zitterte vor Vorfreude auf meinen ersten Tanz; ich konnte es kaum erwarten, meinen ersten Schritt in eine neue und aufregende Welt zu machen. Ich war mit meiner Zwischenprüfung fast fertig, und den letzten Fächern wurde nur wenig Beachtung geschenkt, da die anderen Mädchen und ich unseren großen Abend planten. Wir probierten gegenseitig unsere Kleider, Röcke und Blusen an, denn jede war auf der Suche nach der magischen Kombination, die sie wunderschön aussehen lassen würde.

Für mich war der unerreichbare Traum ein tiefausgeschnittenes Kleid, das von einem nicht zu kleinen

Busen gehalten werden sollte. Doch zu jener Zeit, als die Mode vollbusige, kurvenreiche weibliche Körper verlangte, litt ich unter den Qualen des Heranwachsens und sehnte mich danach, anders zu sein, als ich war, mit meinen langen Beinen und meinem Körper, der so dünn war, daß meine Großmutter mir gesagt hatte, ich sei wie der Strich einer Eins auf einem Blatt Papier.

Als eine meiner Freundinnen von meinem sehnlichen Wunsch hörte, mit einem tiefen Ausschnitt zu glänzen, brachte sie mir ein leuchtend rotes, knappes Kleid, das einer Tante von ihr gehörte, die auf Urlaub von London nach Hause gekommen war. Es war unglaublich raffiniert: Ich sollte zur Scarlet werden, die Erfüllung all meiner Träume.

Doch als ich mit diesem zarten Modell, das mir bei weitem nicht bis zu den Knien reichte und so tief ausgeschnitten war, daß es zeigte, was ich nicht hatte, in die Küche tanzte, bekam meine Mutter fast einen Herzinfarkt. Meine Schwester Sarah urteilte sarkastisch, ich sei ein »aufgedonnertes Flittchen«, und als mein Vater durch die Küche ging, kratzte er sich am Kopf und murmelte etwas von einem »Hurenoberteil«. Und dort in der Küche wurde mir mein rotes Kleid vom Leib gerissen, in eine braune Papiertüte gesteckt und in meine Schultasche unter meine Bücher gestopft. Als ich am letzten Prüfungstag zur Schule geschickt wurde, lag meine einzige Hoffnung, eine Scarlet zu werden, unter Vergil und Shakespeare begraben. Mich hatte die

Tragödie von Lady Macbeth immer beeindruckt, aber an dem Tag verblaßte ihre Tragödie im Vergleich zu meiner.

Nachdem wir schwarze Taftröcke mit weißen, gekräuselten Blusen und verschiedene Kleider anprobiert hatten, fanden wir alle, die zum ersten Mal tanzen gingen, etwas Passendes. Eigentum stellte kein Problem dar: Wir warfen unsere Besitztümer zusammen, und eine demokratische Abstimmung entschied, wer worin am besten aussah. Es wurde einstimmig beschlossen, daß mir ein weißes Kleid, übersät mit rosa Rosen, am besten stand, und als einmal die Entscheidung gefallen war, beschloß ich, daß ich, wenn ich nicht rot und umwerfend sein konnte, statt dessen blaß und interessant sein würde. Ja, ich würde das blasseste und interessanteste Mädchen sein, das je tanzen gegangen war, und ich setzte mir so sehr in den Kopf, diesen Eindruck zu erwecken, daß ich mich weigerte, in die Sonne zu gehen, in der Hoffnung, daß meine Bräune verblassen und meine Sommersprossen verschwinden würden.

In Sarahs Exemplar der Zeitschrift »Woman's Weekly« hatte ich gelesen, daß eine Gesichtsmaske aus Hafermehl die Haut weiß mache und Unreinheiten verschwinden lasse. Die Schönheitsexpertin, die diesen wertvollen Rat gegeben hatte, war zweifellos davon ausgegangen, daß nur normale Leute ihre Kolumne lasen – Leute, die intelligent genug waren, die Prozedur nur einmal wöchentlich durchzuführen. Aber sie hatte nicht mit einer übereifrigen Sechzehnjährigen gerechnet, die entschlossen war, in einer Woche ein kreidebleiches Gesicht zu bekommen.

Ich führte mein Verschönerungsprogramm unter einem Baum durch, in der angemessenen Abgeschiedenheit des Wäldchens hinter dem Haus. Hier klemmte ich zwischen die beiden untersten Äste eines Baumes eine gezackte Scherbe eines Reklamespiegels für irischen Whiskey und prüfte mein Aussehen. Ich mußte meinen Kopf zur Seite neigen, um mein Gesicht zwischen dem R in »Irish« und dem W in »Whiskey« darunter betrachten zu können. Dabei fielen Bröckchen des hartgewordenen Hafermehls auf den Boden, und die Hühner aus dem nahen Stall pickten sie dankbar auf. Meine mit so viel Eifer betriebene Schönheitskur fand jedoch ein abruptes Ende, als meine Mutter beschloß, der Frage auf den Grund zu gehen, warum ihr großes Glas Hafermehl für den Frühstücksporridge plötzlich so gut wie leer war. Offenbar war es mir auch nicht vergönnt, blaß und interessant zu sein.

Alle anderen drehten sich die Haare für den großen Abend zu Locken, aber meine Haare waren zu lang, und so blieb mir nichts anderes übrig, als sie zu flechten. Bis zu meinem vierzehnten Lebensjahr waren sie vollkommen blond gewesen, aber jetzt, da sie besonders gut aussehen sollten, hatten sie beschlossen, einen seltsamen Braunton anzunehmen. Um dem für mein Tanzdebüt abzuhelfen und meine frühere flachsfarbene Pracht wiederherzustellen, kaufte ich in der örtlichen Drogerie eine Flasche Peroxid, aber bevor ich mein Ziel erreichen konnte, machte mir meine Mutter wieder einen Strich durch die Rechnung. Ich versuchte verzweifelt, aus mir eine Schönheit zu machen, aber meine Mutter war ebenso fest entschlossen, daß ich so bleiben sollte, wie ich war. Ruhig und entschieden setzte sie sich in allen Punkten gegen mich durch, und trotz meiner Wutanfälle und Tränen blieb sie stets gelassen. Am Ende blieb mir nur noch die Möglichkeit, mein langes Haar zu flechten und um meinen Kopf zu legen; so würde man wenigstens nicht allzuviel davon sehen.

Bevor ich mich auf die Tanzfläche wagen konnte, mußte ich natürlich tanzen lernen, und meine Schwestern übernahmen diese Verantwortung zielstrebig und mit einem hohen Maß an Gefühllosigkeit. Ich wurde durch die Küche getrieben und zu komplizierten halben Drehungen gezwungen, die mich glauben ließen, die Kommunikation zwischen meinem Kopf und meinen Beinen sei zusammengebrochen. Wir hatten keine geeigneten Schallplatten, die wir auf dem Grammophon hätten spielen können, weil die Sammlung meines Vaters vor allem aus John McCormack und Delia Murphy bestand. »The Old House« und »If I Was A Blackbird« waren nicht gerade das Ideale für die Quicksteps und Sambas, die ich lernen sollte. So blieb uns nur das Radio als einzige Quelle für unsere Tanzmusik. Victor Sylvester präsentierte auf BBC eine volle Stunde lang Tanzmusik, aber eine Stunde war nicht genug, und so rannte die Schwester, die Küchendienst hatte, sofort zur Haustür, wenn geeignete Musik gespielt wurde, und pfiff auf der Pfeife, die normalerweise dazu diente, die Männer auf den Feldern zum Essen zu rufen, und dadurch kam es manchmal zu Fehlalarm. Von mir wurde erwartet, angerannt zu kommen, auch wenn die Pfeife im ungünstigsten Augenblick ertönte, und oft ließ ich ein halb gefüttertes Kalb zurück, das voller Protest brüllte, wenn ich zur Küche raste und die Gummistiefel wegwarf, um meine Füße einsatzbereit zu machen. Oft schaffte ich es nicht rechtzeitig: Die Tanzmusik war vorbei und meine Eile vergeblich gewesen.

Wenn mein Vater zufällig bei einer dieser Vorstellungen dabei war, und besonders, wenn er auf einen falschen Alarm hin gekommen war, nahm er die Mütze ab, kratzte sich am Kopf, wandte die Augen zum Himmel und rief aus: »Herr, hab' Erbarmen mit dem Mann, der fünf Töchter hat!«

Endlich dämmerte der Morgen des Tages, an dem das große Ereignis stattfinden sollte. Diejenigen, die glatte Haare zu Locken drehen wollten, hatten schon am Vorabend mit der Prozedur beginnen müssen: Die Haare mußten auf kleine Blechwickler, sogenannte »Dinkies«, gerollt werden, wenn man feste Locken wollte; um eine weichere Wirkung zu erzielen, nahm man riesige, stachelige Wickler. Diese Dinger waren natürlich nicht gerade förderlich für einen guten Schlaf, und wer sie benutzte, bezahlte einen hohen Preis für seinen Lockenkopf; wie mein Vater bemerkte, war es, als ob man mit dem Kopf voll Stacheldraht ins Bett ginge.

Einige Mutige gingen zur Messe, ohne die Wickler aus den Haaren zu nehmen, banden aber Tücher um ihre geschwollenen, unförmigen Köpfe. Ältere Leute mißbilligten dies, und Gleichaltrige, vor allem Angehörige des anderen Geschlechts, ließen oft bissige Bemerkungen fallen, so daß die unglücklichen Mädchen zu spüren bekamen, wie schwierig es war, auf einen Kommentar mit Verachtung zu reagieren, wenn ihr Kopf doppelt so groß wie normal war.

Nach der letzten Messe strömten am Sonntagmittag die Scharen zusammen: Freundinnen trafen sich, um die Vorfreude miteinander zu teilen, und zu einer letzten Kostümprobe. Doch zunächst begann die Kultivierung der Körper: Flaum in den Achselhöhlen wurde mit einem Rasierapparat abgemäht, den ich von meinem Bruder stibitzt hatte, als er nicht da war; wir reichten ihn herum, und er wurde bald stumpf, doch eine findige junge Dame hatte ein Päckchen Rasierklingen, die es uns ermöglichten, mit unserem Haarentfernungsprogramm fortzufahren. Beine wurden inspiziert, einige wurden als reif für die Ernte erklärt, und als wir einmal losgelegt hatten, war nichts mehr vor uns sicher. Augenbrauen wurden gestutzt, bis fast nichts mehr von ihnen übrig war, und manche Frisuren, die als nicht ganz perfekt erachtet wurden, wurden mit Scheren bearbeitet, oft mit verheerenden Folgen.

Als nächstes wandten wir uns der Unterwäsche zu. Vor kurzem hatten wir die wunderbare Welt der BHs entdeckt: einige, weil sie zu üppig ausgestattet waren, andere, weil sie sich zu dem verhelfen wollten, was Gott ihnen nicht gegeben hatte; sie griffen zu Schaumgummieinlagen oder polsterten ihren BH mit Taschentüchern aus. Unsere unerfahrenen Manöver mit den BHs waren für uns ein großer Spaß, und wir verbrachten mehr Zeit mit Lachen als mit Anprobieren.

Strümpfe waren für uns etwas noch Neueres, denn bisher waren wir immer mit nackten Beinen herumgelaufen, und als ich zum ersten Mal einen Hüfthalter sah, mußte ich unweigerlich an ein Ponygeschirr denken.

Die langen Unterhosen, von denen meine Mutter so viel hielt, wurden durch hauchdünne, ganz knappe Seidenhöschen mit Spitzeneinfassung ersetzt. Da ich dem zarten Gummiband nicht recht traute, holte ich mir aus dem Nähkästchen meiner Mutter ein stabileres Gummiband und zog es mit einer Sicherheitsnadel durch den Hosenbund; ich war entschlossen, nicht die Erfahrung einer älteren Freundin zu machen, die an einem Abend plötzlich das Gefühl gehabt hatte, daß das, was an ihren Hüften sitzen sollte, nun unten an ihren Knöcheln hing. Die Tanzfläche war voller Menschen, und keiner bemerkte es, und so stieg sie einfach aus dem Höschen, hob es blitzschnell auf und steckte es unauffällig in die Jackentasche ihres Tanzpartners, der später ziemlich überrascht war, als er nach seinen Zigaretten griff.

Unsere Aktivitäten kamen zu einem abrupten Ende, als mein Vater mit einem Besenstiel gegen die Küchendecke hämmerte und wissen wollte, ob irgendwer die Kühe zum Melken hereinbringen und die Hühner und Kälber füttern würde oder ob wir von allen guten Geistern verlassen seien und wollten, daß er den ganzen Hof verkaufen und statt dessen einen Tanzsaal erwerben solle.

Ein wildes Hin und Her folgte, und wir rannten alle in unterschiedliche Richtungen auseinander, um die verschiedenen Arbeiten zu erledigen, während unsere Freundinnen aus der Nachbarschaft nach Hause liefen, um es uns gleichzutun. Die Kühe wurden im Galopp von den Feldern nach Hause gejagt; Eimer voll Milch wurden unter die Köpfe der Kälber geknallt, und Hühner und Küken wurden zum Füttern zusammengetrieben. Nachdem wir die Arbeiten in Rekordzeit erledigt hatten, liefen wir in die Küche zum Abendessen, das die Schwester, die zum Küchendienst eingeteilt war, dort eiligst bereitet hatte.

Nach dem Abendessen und dem Spülen fuhren wir mit der eigentlichen Arbeit des Abends fort: Wir machten uns fürs Tanzen fertig. Die Kostümprobe war vorbei, und die Premiere stand bevor.

In den verschiedenen Ecken des Hauses schrubbten wir uns über Emailleschüsseln und Eimern. Dann versammelten wir uns im vorderen Schlafzimmer im Obergeschoß, wo die Betten unter unseren Kleidern, Röcken, Blusen und gekräuselten Unterröcken begraben lagen. Zuerst wurden BHs und Strumpfhalter angezogen, und diejenigen, die dünner aussehen wollten, als sie waren, zwängten sich in Korsetts, wobei sie keuchten und den Bauch einziehen mußten.

Als nächstes mußten feine Nylonstrümpfe ganz vorsichtig, um die Tragödie einer Laufmasche zu vermeiden, über unsere Beine gezogen und an den Strumpfhaltern befestigt werden. Dann zogen wir unsere Höschen an, über die der alte Tom treffend bemerkte, daß sie nicht viel Schutz boten.

Das nächste Kleidungsstück unter dem Kleid war das Unterkleid. Eins mit Häkchen erfüllte seinen Zweck, und eins aus Seide war besonders elegant, doch ohne ein Unterkleid galt man als nicht voll gesellschaftsfähig. Die Mode verlangte, daß sich jedes Kleid weit bauschen sollte, und so kam über das Unterkleid ein Petticoat aus steifem weißen Tüll, um den notwendigen Halt zu bieten. Schließlich wurden das Kleid, für das man tagelang solche Entscheidungsnöte ausgestanden hatte, und die Sandalen, die gewöhnlich weiß waren, angezogen.

Nun mußte man sich nur noch dem Gesicht widmen, und hier bestand das Geheimnis darin, genug Make-up aufzulegen, um das geschrubbte und glänzende Aussehen der Haut zu verdecken, aber auch wenig genug, um der Kontrolle meiner Mutter zu entgehen. Eine Tube Make-up, ein Döschen Gesichtspuder und ein Lippenstift waren ausreichend für alle Gesichtsformen und -farben. Eine findige Freundin entdeckte, daß man den roten Einband des Milchbuchs ihres Vaters, in dem die Verkaufszahlen von Butter und Milch eingetragen wurden, anfeuchten und als Rouge verwenden konnte, doch meine Mutter forderte sie sofort auf, es wieder abzuwaschen. Ich träumte vom vollen, tiefroten Mund der Ava Gardner und von den glühenden, schwarz geränderten Augen der Joan Crawford, aber meine Mutter stellte sicher, daß dies nur Träume blieben. Talkumpuder der Marke Cussons, in einem orange-weißen Döschen, kam von dem, was wir hatten, Parfüm am nächsten, und so stäubten wir uns ganz damit ein.

Schließlich ließen wir das Schlafzimmer in einem heillosen Durcheinander zurück und marschierten nach unten in die Küche, wo meine Eltern und ein paar Nachbarn, darunter der alte Tom, darauf warteten, unsere Abschlußparade abzunehmen. Viele wohlwollende Kommentare wurden abgegeben, und wir Mädchen wehrten uns kräftig. Doch der alte Tom schwieg und paffte inmitten einer Rauchwolke an seiner Pfeife, bis wir zur Tür hinausgingen. Dann schleuderte er uns nach: »Kommt anständig nach Hause!« Mehr nicht.

Wir gingen zu Fuß die drei Meilen ins Städtchen, trafen unterwegs auf andere junge Leute, sangen und übten beim Gehen unsere Tanzschritte. In diesem Moment hatte ich einen Anfall von Lampenfieber. Was wäre, wenn sich meine Beine nicht im Takt der Musik bewegen wollten? Was, wenn mich niemand zum Tanzen aufforderte? Und wenn meine Strümpfe herunterrutschten? Die möglichen Katastrophen schienen endlos, und fast beneidete ich die Kinder, die Schokolade für den Heimweg kauften, aber doch nur fast, weil gerade jetzt die Musik zu uns herüberdrang und mein Herz mit einer heftigen, ungekannten Aufregung zu schlagen begann.

Sarah hatte sich selbst zur Schatzmeisterin ernannt, und so ging sie die Eintrittskarten kaufen, und wir reihten uns hinter ihr auf, wie Entchen, die zum Teich watscheln. Während ich in der Schlange stand, dachte ich an all die Verhaltensregeln, die mir von meinen Schwestern und deren Freundinnen eingebleut worden waren: Verbring' nicht den ganzen Abend mit demselben Mann; geh' Betrunkenen aus dem Weg, indem du sie scharf im Auge behältst und dich in der Menge verdrückst, wenn du einen kommen siehst; tanz' mit jedem, aber wenn jemand aufkreuzt, den du gar nicht ausstehen kannst, sag', daß du schon jemand anderem den Tanz versprochen hast. Ich hatte allmählich das Gefühl, daß die Zwischenprüfung im Vergleich zu diesem Test der diplomatischen Fähigkeiten ein Kinderspiel gewesen war.

Nachdem Sarah die Eintrittskarten besorgt hatte, trieb sie uns vorwärts, und als wir erst einmal durch die Tür hindurch waren, befanden wir uns inmitten einer warmen Welt voll wirbelnder Paare, bunter Lichter und pulsierender Musik, und es roch nach Petroleum und Sägemehl. Wir bahnten uns einen Weg zur Garderobe, wo wir unsere Mäntel aufhängten. Hier machten sich ältere Mädchen vor gesprungenen Spiegeln zurecht und zogen die Nähte ihrer Strümpfe gerade. Bemerkungen wie »Puh, der hat mich fast zum Krüppel gemacht!« oder »Hoffentlich fordert er mich noch mal auf!« erfüllten die gepuderte Luft, und es herrschte ein Gefühl von Ausgelassenheit und Gemeinschaft. Wir, die wir zum ersten Mal dabei waren, wurden willkommen geheißen und vor der »Krake«, dem »tänzelnden Pferdchen« und dem gutaussehenden »Skalpsammler« gewarnt; denn das ehrenamtliche Forscherteam war darum besorgt und darauf bedacht, daß wir jungen Dinger uns amüsieren und den im Selbstversuch entdeckten männlichen Gefahren entgehen sollten.

Vor der Garderobe waren Scharen von Mädchen, und ich fragte mich, wo sich wohl die Männer versteckten, bis ich ganz nach vorne kam, und dort auf der anderen Seite des Saals standen lange Reihen von Männern – eine verwirrende Menge.

Bevor ich mich entscheiden konnte, von wem ich am liebsten aufgefordert würde, kam ein Schulfreund von mir herüber, als die Band zu spielen begann, und sagte: »Komm' und laß mich sehen, ob du im Tanzen besser bist als in Algebra.«

Die Tanzfläche war eine große Verbesserung gegenüber dem Steinfußboden unserer Küche, und bei der Live-Musik und mit einem Partner, der mit seinen Beinen ganz offenbar das Richtige anzufangen wußte, verschwand meine Angst vor dem Tanzen schnell, während die Musik durch meine Ohren hinein und durch meine Zehen wieder hinausströmte. Ich fand es schade, als der erste Tanz vorbei war, denn dieser Bursche, der vor ein paar Wochen noch nichts weiter als ein Klassenkamerad gewesen war, erwies sich jetzt als ein lächelnder junger Mann, der einen zu unterhalten verstand. Die Atmosphäre der gedämpften Lichter und der sanften Musik hob unsere Freundschaft auf eine ganz neue und viel interessantere Ebene, und ich beschloß, daß nach den Ferien die Schule nie wieder so langweilig sein sollte.

Nach ein paar Tänzen stellte ich fest, daß fast unsere ganze Schule und auch viele Nachbarn da waren, und so entspannte ich mich und dachte mir, daß Tanzen, wenn nichts weiter dabei sei als dies, großen Spaß mache.

Dann forderte mich ein blonder, sehr attraktiver Mann in den Zwanzigern auf. Dieser Typ war ganz anders als die anderen, und als der Tanz vorüber war, ging er nicht weg, sondern wartete auf den nächsten Tanz, offenbar davon ausgehend, daß ich nochmals mit ihm tanzen wollte, und das wollte ich in der Tat, denn er war gutaussehend, charmant und machte mir Komplimente.

Das nächste Stück war langsam und verträumt, doch als ich spürte, wie er mich zärtlich in seine Arme schloß, hatte ich den ketzerischen Gedanken, daß er vielleicht die Krake war. Ich wurde jedoch bald durch ein anderes Problem abgelenkt, denn das feste Gummiband, mit dem ich meinem Höschen mehr Halt gegeben hatte, begann mir wie Draht in die Haut zu schneiden.

Als die Musik aufhörte, entschuldigte ich mich eilig und steuerte auf die Garderobe zu. Meine Freundin Ann kam mir nach, um zu hören, was los sei. Ich erklärte die Sache mit dem Höschen.

»Zieh' es aus«, sagte sie, »und stopf' es in deine Manteltasche.«

»Ich kann doch nicht ohne Höschen auf die Tanzfläche zurückgehen!« stieß ich entsetzt hervor.

»Du hast drei Möglichkeiten«, erklärte sie, »nach Hause gehen, weiter leiden oder das Höschen ausziehen.«

»So gesehen hab' ich wohl keine Wahl«, sagte ich, »aber der alte Tom würde sagen: 'Das is' aber nich' anständig!'«

Wir beide lachten noch, als eine meiner Schwestern hereinkam, um zu sehen, wie es bei uns lief, und um Regeln für die zweite Halbzeit zu verkünden. Sie löste das Problem des zu engen Gummibands sofort mit einer Nagelschere und einer Sicherheitsnadel.

»Nun«, ordnete sie an, »halt' dich bloß von dem blonden Typ fern.«

»Warum?« fragte ich enttäuscht.

»Bei ihm geht's zu wie im Zirkus: jeden Abend ein anderer Schauplatz.«

»Da mußte ja ein Haken dran sein«, bedauerte ich.

»Paß nur auf, daß du ihm heute abend nicht an den Haken gehst«, warnte sie und fügte hinzu: »Bleib' jetzt weg vom hinteren Teil des Saals, denn die älteren Semester sind aus dem Pub gekommen, und du wirst auf sie wirken wie ein rotes Tuch auf einen Stier.«

Meine Freundin und ich fanden das sehr komisch; aber als wir in den Saal zurückgingen, steuerten wir auf die Fläche neben der Bühne zu, von wo aus die Band, die auch aus der Gegend kam, das ganze Geschehen überblicken konnte. Einer von ihnen beugte sich zu uns herunter und erkundigte sich: »Geht ihr den älteren Semestern aus dem Weg?«

Mein schöner Blonder forderte mich beim nächsten Tanz wieder auf, und ich fragte mich, wie ich jemand abschütteln sollte, den ich eigentlich gar nicht loswerden wollte. Ann hatte mir den Rat gegeben, ältere Schwestern zu ignorieren, aber ich wußte, daß es zu Hause sehr ungemütlich werden würde, wenn ich das täte und daß sogar eine Ausgangssperre verhängt werden könnte. So verdrückte ich mich in der Menge, und das Problem löste sich von selbst, als Schulfreunde zusammenkamen und der Rest des Abends wie im Flug verging. Mein gutaussehender Verehrer ersetzte mich bald durch eine Blondine, die ihm vom Alter her näher kam und die stolze Besitzerin eines tiefen Ausschnitts war, was mich noch mehr davon überzeugte, wie wünschenswert ein ansehnlicher Busen wäre.

Als der Ball vorbei war, liefen wir alle auf die Straße, froh über die kühle Nachtluft. Am Ortsausgang warteten wir auf die Jungen und Mädchen, die denselben Weg hatten wir wir. Einige kamen später als andere, weil sie noch einen Spaziergang gemacht hatten mit Freunden oder Mädchen, die sie beim Tanzen getroffen hatten, aber von denen, die zum ersten Mal dabei waren, fehlte niemand.

Wir gingen singend und lachend nach Hause und merkten gar nicht, wie lang der Weg war. Als wir ankamen, stellten wir fest, daß meine Mutter das Feuer hell brennengelassen hatte, damit wir den Kessel darauf erhitzen konnten; wir machten leise Tee und ließen laut flüsternd die Ereignisse des Tages Revue passieren. Dann hatte plötzlich jemand die Idee, Schinkenspeck und Würstchen zu braten, und während wir darauf warteten, daß sie gar wurden, ließen wir uns in allen Einzelheiten über den Abend aus, wobei wir manchmal einen Lachanfall unterdrücken mußten, um nicht laut loszuprusten. Schließlich schleppten wir uns nach oben, und nachdem wir uns einen Weg zu unseren Betten gebahnt hatten, fielen wir erschöpft hinein.

Es war Mittag, als mich am nächsten Tag die warme Sonne, die durch das Fenster hineinschien, weckte. Mein Kopf war etwas benommen von der hämmernden Musik der Band und von der verrauchten Luft im Tanzsaal. Andere Köpfe waren jedoch in einer noch schlechteren Verfassung, nach dem Stöhnen und Klagen zu urteilen, welches das Aufstehen begleitete; und Zehen und Schienbeine wurden auf Verschleißerscheinungen hin untersucht. Wir waren eine flügellahme Schar, als wir alle nach unten trotteten, wo mein Vater gerade von der Molkerei zurückkam; er sah uns ohne einen Funken Mitleid an und verkündete in Versen:

»Es gibt nichts zu freuen, es gibt nichts zu lachen
Wenn am Morgen danach du mußt wieder erwachen.«

Auf diesen unwillkommenen Erguß von Weisheit folgten noch unwillkommenere Anweisungen, uns an die Arbeit zu machen, weil das Heu auf den Wiesen am Fluß eingeholt werden mußte.

An einem heißen Sommertag Heu zu machen, wenn man die Nacht mit Tanzen verbracht hat, ist nicht gerade ein Kinderspiel, und wir waren ein widerstrebender Arbeitstrupp, doch im Laufe des Tages brach unsere jugendliche Ausgelassenheit wieder durch, und während wir arbeiteten, sprachen wir über die denkwürdigen Ereignisse des vergangenen Abends und erlebten sie im Geiste noch einmal.

Liebesbriefe

Peter war ein romantisches Herz voller Liebe zur Musik, zu Liedern und zu Frauen in die Wiege gelegt worden, und als er älter wurde, nahmen die Frauen den größten Teil seines Herzens ein. Er liebte alle Frauen; sein Leben und seine Gedanken drehten sich stets um sie: um Frauen, die er hätte heiraten sollen, Frauen, die er hätte heiraten können, Frauen, die er möglicherweise geheiratet hätte, und selbst um Frauen, bei denen er froh war, daß er sie nicht geheiratet hatte. Sie waren eine ständige Quelle der Unterhaltung für Peter, und er war eine ständige Quelle der Unterhaltung für sie.

Obwohl er der Generation unserer Eltern angehörte, stellte das keine Barriere zwischen ihm und jungen Leuten dar. Er konnte mit meinem Vater nach der Messe im Pub ein Pint trinken und mit uns am Abend tanzen gehen, und er fühlte sich in beiden Situationen wohl. Er konnte wunderbar tanzen und die unbeholfenste Anfängerin über die Tanzfläche schweben lassen, so daß sie das Gefühl hatte, alles beruhe auf ihrem Können. Wenn ein Abend nicht wie gewünscht verlief, baten wir Peter zu tanzen, und man konnte sich darauf verlassen, daß er jede unangenehme Situation rettete. Er kam sogar mit einem Buch bewaffnet zum Tanzen, um die langweiligeren Abschnitte zu überbrücken.

Peters Herkunft war von einem romantischen Geheimnis umgeben: Wie er es selbst ausdrückte, war er das Ergebnis von »ein wenig Flickwerk«. Er erklärte, daß die meisten Familien eine Leiche im Keller hätten – als Folge davon, daß ein Familienmitglied vom rechten Weg abgewichen sei. Und viele dieser Familien würden mit diesem Problem fertig, indem sie das schwarze Schaf samt Lämmchen wieder in die Herde zurückholten. Peter nannte den Prozeß der Bewältigung solcher Krisen »eine kleines Flickwerk«. Seine eigenen Eltern hatten keine Kinder gehabt, als eines Tages sein Vater mit einem strammen Baby auf dem Arm vom Pferdemarkt zurückkam und das Kind seiner Frau überreichte.

Meine Mutter äußerte Zweifel an dieser Geschichte, aber Peter schwor, daß sie wahr sei, und, ob wahr oder erfunden, wir fanden sie faszinierend.

Gern beschrieb er in allen Einzelheiten seine erste Erfahrung vom Verliebtsein. Er war gerade sechzehn gewesen und hatte sein Herz an die Tochter einer Familie aus seiner Straße verloren. Es war so sehr um ihn geschehen, daß er den ganzen Tag auf einer Steinmauer gegenüber ihrem Haus gesessen und darauf gewartet hatte, sie nur einmal kurz zu Gesicht zu bekommen. Schließlich kam ihre Mutter heraus.

»Sag', Peter«, erkundigte sie sich, »ist es das erste Mal für dich?«

»Ja, gnädige Frau«, antwortete er höflich und fügte hinzu: »Es bringt mich um.«

»Nun, Peter«, sagte sie, »ich weiß, was dich heilen kann.«

»Ja, wirklich?« fragte er begierig.

»Ja, wirklich, Peter«, sagte sie tröstend. »Geh' jetzt brav nach Hause und nimm eine ordentliche Prise Riechsalz.«

Peter lachte immer herzhaft, wenn er diese Geschichte erzählte, und fügte hinzu: »War das nicht eine gescheite Frau?«

Er lebte auf einem kleinen Hof, steckte aber nicht viel Arbeit hinein, und als er eine Erbschaft in Amerika machte, kaufte er sich als erstes ein Klavier. Er hatte keine Ahnung, wie man darauf spielte, und um mehr Zeit zum Üben zu haben, verpachtete er den Hof.

Da es das erste Klavier in unserer Gegend war, kamen wir alle und bewunderten Peters ungewöhnliche Anschaffung: Es war eine Schönheit mit zwei Kerzenhaltern aus Messing, und jeden Abend zündete er die Kerzen an und übte. Um sich davon zu erholen, nahm er manchmal seine Geige, die er schon sein ganzes Leben lang gespielt hatte, da sein Vater ihm das Geigen beigebracht hatte, als er noch ein Kind war; und während er spielte, tanzte er, völlig begeistert von der Musik, durch das Haus.

Als er das Klavierspielen beherrschte, lud er uns alle zu einer Vorstellung ein, und wir erwiesen uns als dankbares, wenn auch nicht sehr kunstverständiges Publikum. Er sang auch Lieder, die er selbst geschrieben und komponiert hatte, und trug eigene Gedichte über die verschiedensten Ereignisse in der Gegend vor.

Ein Abend bei Peter war immer sehr lustig. In seinem Haus wurde auch viel Karten gespielt, und Spieler kamen aus einem Umkreis von mehreren Meilen zu ihm. Allerdings war Peter manchmal, wenn ein Kartenabend geplant war, dazu nicht in der rechten Stimmung und machte daraus statt dessen einen Musikabend, sehr zum Verdruß der eingefleischten Kartenspieler. Doch aus Peters Geige strömte eine solch wunderbare Musik, daß sie ihren Ärger bald vergaßen und ausgelassen durch das Zimmer tanzten.

Junge und nicht mehr ganz so junge Leute stellten sich zur Quadrille auf, und alte Männer, die vom »Gliederreißen« fast gelähmt waren, entdeckten beim Tanzen neuen Schwung und hüpften wie junge Burschen im Zimmer herum. An manchen Abenden kam auch ein Konzert zustande, und wir mußten alle etwas zum besten geben. Können tat nicht viel zur Sache, und wenn man nicht tanzen konnte, mußte man singen oder etwas vortragen; wenn man mitten im Text steckenblieb, kam einem irgend jemand zu Hilfe und stimmte ein. Kartenspielen war jedoch eine ernste Angelegenheit und führte oft zu gereizter Stimmung und zu Streit, doch wenn es dazu kam, schickte Peter die Leute immer schnell nach Hause.

Manchmal kam er auf die verrückte Idee, all seinen ehemaligen Freundinnen Briefe voll leidenschaftlicher Liebeserklärungen, die er nicht wirklich ernst meinte, zu schreiben, und die Empfängerinnen waren aus Erfahrung klug genug, sie auch nicht ernst zu nehmen.

Die Briefe, die er als Antwort auf seine kühnen Beteuerungen erhielt, las er zur Unterhaltung Bill vor, der ein guter Freund von ihm war. Wenn er einen Satz vorgetragen hatte, der ihm besonders gut gefiel, sagte er zu Bill: »Ich lese dir den letzten Satz noch einmal vor, damit du die Liebe spürst, die darin steckt.« In seinen eigenen Briefen war einer seiner besonders dramatischen Schlußsätze: »Wenn mein Stift eine Pistole wäre, würde ich mir aus Liebe zu dir eine Kugel durch den Kopf jagen«, und einmal ging das Geschoß nach hinten los.

Ehemalige Freundinnen, die im sicheren Hafen der Ehe waren, stellten für seine romantischen Anwandlungen keine Gefahr dar. Doch als eine aus Amerika schrieb, daß sie nun Witwe sei und nach Hause komme, um ihn zum Manne zu nehmen, wurde Peter völlig von Panik ergriffen. Er beruhigte sich nach einer Weile, trabte zu Bill und bat ihn um Hilfe bei der Lösung seines schrecklichen Problems, aber Bill hatte zu viele »Stift-und-Pistolen«-Briefe an ebendiese Dame gelesen, um wirklich Mitleid mit ihm zu haben, und so sagte er Peter, die Zeit sei nun gekommen, seinen Stift in eine Pistole zu verwandeln und sich eine Kugel durch den Kopf zu jagen oder aber die Dame zu heiraten.

Peter erklärte, er sitze in einer Zwickmühle und wisse nicht, wie er sich wieder daraus befreien könne. Einerseits mache ihm die Aussicht auf ihre Ankunft angst, andererseits fasziniere ihn der Gedanke, sie wiederzusehen, und er grübelte darüber nach, wie sich die

Dinge wohl entwickeln würden. Und nachdem er sich von dem anfänglichen Schock erholt hatte, schien er die Sache ganz gelassen zu nehmen.

Offensichtlich wurde er etwas zurückgeworfen, als er feststellte, daß aus dem zarten, schmächtigen Mädchen mit der sanften Stimme und dem langen blonden Haar, das zwanzig Jahre lang in seiner Erinnerung gelebt hatte, eine vollbusige Matrone mit Haaren wie Draht und einer lauten, schrillen Stimme geworden war. Doch bald gewann er seine Gelassenheit wieder und genoß es offenbar, seine schillernde Yankee-Frau, wie er sie nannte, durch die Gegend zu führen. Sie war extravagant und stets vergnügt, was für Peter sehr wichtig war, denn er hatte gesagt, es gebe nur eins, was er nicht hätte ertragen können: wenn sie fade und langweilig geworden wäre. So sang Peter für uns alle:

»Die Zeit der Liebe schien vorbei
Doch dann war es wie Zauberei:
Ich fand nun meine letzte Liebe
Und ich liebe, liebe, liebe
Wie ich nie zuvor geliebt.«

Jetzt, da Peter mit seinem Los zufrieden war, fühlten wir uns etwas beruhigt, aber gleichzeitig wußten wir, daß es keine Garantie dafür gab, daß er bis zum Schluß durchhalten würde.

Doch nicht Peter schockierte uns, sondern seine Yankee-Frau. Eines Tages packte sie ihre Sachen und sagte ihm, daß er sich zwar nicht verändert habe, sie aber um so mehr, und daß sie sich einfach nicht vorstellen könne, in der Einöde des ländlichen Irlands zu leben.

Wir dachten, Peter müsse am Boden zerstört sein, aber kein Stück davon. So schnell erholte er sich, daß Bill daraus schloß, daß er einen geschickten Schachzug gemacht haben müsse: Die Yankee-Frau war in dem Glauben weggegangen, sie habe ihre Meinung geändert, aber Bill war überzeugt davon, daß Peter ihren Sinneswandel herbeigeführt hatte. Ob es stimmte oder nicht, Peter lächelte, und als wir ihn danach fragten, sagte er nur, das Schicksal habe ihn dazu bestimmt, viele Frauen glücklich, statt eine unglücklich zu machen.

Der erste Kuß

Die Tanzveranstaltungen am Abend des zweiten Weihnachtstages, am Ostersonntag und zur Zeit des Sommerkarnevals waren für mich etwas ganz Besonderes, nicht zuletzt deshalb, weil ich nur in den Ferien tanzen gehen durfte.

Die Musik wurde immer von einer Band aus der Gegend gespielt, deren Mitglieder wir alle kannten und deren Repertoire gründlich geprüft und für gut befunden worden war. Alles lief so routiniert ab, daß jeder, der schon ein paarmal tanzen gegangen war, an dem Stück, das gespielt wurde, fast erkennen konnte, wieviel Uhr es war; und bevor sie die Nationalhymne spielten, warnten sie die Leute immer mit »When The Saints Go Marching In« vor. Jede, die einen Begleiter haben wollte, der sie nach Hause brachte, mußte diese Frage geklärt haben, wenn »The Saints« anfing.

Wenn ein Paar mehr als zwei Stücke zusammen tanzte, wurde angenommen, es sei in ernsthafte Verhandlungen eingetreten, und wenn beide zusammen an der Saftbar etwas trinken gingen, betrachtete man die Verhandlungen als abgeschlossen. Es wurde viel geflirtet, und alle hatten Spaß, und wir Mädchen amüsierten uns über die unterschiedlichen männlichen Annäherungsversuche, die von »Sehen wir uns noch mal?« über »Willst du einen Orangensaft?« bis zu

»Möchtest du deinen Mantel holen?« reichten. Die letzte nannten wir die »Hol'-deinen-Mantel«-Strategie.

Da ich zögerte, den sicheren Boden platonischer Freundschaft zu verlassen und gegen den Treibsand romantischer Zweisamkeit einzutauschen, ging ich viele Monate lang allein nach Hause, sehr zum Verdruß meiner besten Freundin Ann, die erklärte, daß meine Ausbildung nicht komplett wäre, wenn ich meine Abschlußprüfung machen sollte, ohne je geküßt worden zu sein. Sie übte starken Druck auf mich aus, und nachdem es ihr eine Weile nicht gelungen war, mich zu überreden, beschloß sie schließlich, daß ich am Abend des zweiten Weihnachtstages in meinem letzten Schuljahr in die Welt des Küssens eingeführt werden müsse, und zwar unter allen Umständen.

An diesem Abend lernte ich einen jungen Burschen kennen, der auch gerade seine Abschlußprüfung machte, aber außerhalb der Ferien im Internat war. Er war amüsant und interessant, wenn er mir auch nicht gerade das Herz stillstehen ließ – doch die erfahrenere Ann hatte mir versichert, daß dies nicht nötig sei; ich hatte allerdings meine Zweifel daran.

Nach dem Tanzen gingen wir gemeinsam den Weg entlang zu dem Haus, wo ich bei Freunden übernachtete. Beim Gehen plauderten wir, und mir kam in den Sinn, daß ich mich viel entspannter fühlen würde, wäre da nicht die Aussicht auf das Küssen, denn ich nahm an, daß es zu der Angelegenheit dazugehöre.

»Weißt du was?« sagte ich zu ihm. »Ich bin noch nie geküßt worden, und ich bin mir gar nicht so sicher, ob es mir gefallen wird.«

Er blieb abrupt stehen und starrte mich so entsetzt an, daß ich lachen mußte, und als er sich erholt hatte, lachte er auch.

»Mein Gott«, staunte er, »du bist aber für die direkte Methode!«

»Na ja, es vermeidet Komplikationen«, erwiderte ich, »und irgendwie muß ich ja anfangen.«

»Meinst du, wir sollten anfangen zu üben?« fragte er, immer noch lachend.

»Hm, wenn wir das tun wollen, warten wir aber lieber, bis wir unter den Bäumen da vorne sind«, sagte ich, weil ich ganz bestimmt nicht direkt vor Mrs. Lanes Haus mit dem Üben beginnen wollte. Mrs. Lane litt an Schlaflosigkeit und erzählte meiner Mutter immer, wie sie nachts stundenlang aus dem Fenster sehe und wie langweilig und öde das sei. Ich hatte nicht die Absicht, ihr die Nacht zu verkürzen.

Als wir unter die Bäume kamen, umarmte er mich, und als ich über seine Schulter blickte, konnte ich den Mond durch die Bäume scheinen sehen. Ich fragte mich, ob der Mond nach meinem ersten Kuß noch am selben Ort und ich noch derselbe Mensch sein würde. Es war ein seltsames, leicht aufregendes Erlebnis, aber seine Nase war kalt, was die ganze Angelegenheit etwas beeinträchtigte. Der Mond tanzte weder am Himmel, noch bebte die Erde unter meinen Füßen, und ich sagte meinem Begleiter, daß Küssen zwar ganz in Ordnung sei, aber doch überschätzt werde. Er versicherte mir lachend, daß man es vielleicht durch weiteres Üben verbessern könne, aber es war eine schlechte Nacht zum Ausprobieren, denn ein eiskalter, grauer Rauhreif bedeckte das Land, und so trennten wir uns bald.

In der nächsten Woche mußte er zurück zur Schule, und kurz danach bekam ich einen Brief von ihm, in dem er mir mitteilte, daß wir uns Ostern wieder treffen müßten, um weiter zu üben. Es war auch sein erster Kuß gewesen. Er hatte es mir damals nicht gesagt, schrieb er, weil er mein Vertrauen in sein Können nicht untergraben wollte.

»Nichts geht über die Nonnen!«

Nach der Überzeugung meiner Mutter konnte es niemand mit den Nonnen aufnehmen, wenn es darum ging, irgend etwas wirklich gründlich zu machen. Daher bestand sie darauf, daß alle ihre Töchter eine Zeitlang von den Nonnen in einer Hauswirtschaftsschule unterwiesen werden sollten, um die grundlegenden Fähigkeiten des Überlebens und die feinen Umgangsformen, wie nur Nonnen sie vermitteln konnten, zu erlernen – kurz, um auf das Leben vorbereitet zu werden, wie sie es ausdrückte.

Ich protestierte energisch, denn das Letzte, was ich wollte, war, ein Jahr lang bei den Nonnen eingesperrt zu sein. Doch meine Mutter glaubte, daß, wenn meine älteren Schwestern diese Unterweisung nötig gehabt hatten, ich sie noch viel dringender brauchte, weil ich die Jüngste und Nichtsnutzigste war. Mein Protest wurde nicht erhört; bei solchen Gelegenheiten, wenn gegensätzliche Ansichten aufeinandertrafen, siegte immer meine Mutter: Sie wurde taubstumm und war völlig unerbittlich, und alle Argumente versagten. Diese eiserne Entschlossenheit war eine Seite von ihr, die nur dann zum Vorschein kam, wenn sie es zum Wohl der Allgemeinheit für nötig hielt; wenn etwas richtig war, würde kein Argument der Welt es je falsch machen oder umgekehrt, basta.

Und so machte ich mich, noch ein Teenager, widerwillig auf den Weg zum Kloster Drishane, das etwa fünfzehn Meilen von unserem Haus entfernt war. Bei allen Küken ist das Können ungleich verteilt, und als die hauswirtschaftlichen Fähigkeiten vergeben wurden, muß ich unter dem Flügel der Glucke gesessen haben.

An meinem allerersten Tag in Drishane ruinierte ich schon meinen Ruf, indem ich der Hauswirtschaftslehrerin, Schwester Benignus – oder Benny, wie sie im allgemeinen von ihren ehrerbietigen Schülerinnen genannt wurde – sagte, man solle Reispudding mit Pfeffer würzen. Sie wandte die Augen zum Himmel und verkündete bedauernd: »Du bist deiner Schwester Clare wohl gar nicht ähnlich.« Und von da an sollte ich das ganze Jahr im Schatten meiner begabteren Schwester leben.

Die Oberin war eine rundliche, springlebendige, korrekte kleine Person mit blitzenden braunen Augen und einem schwabbelnden Kinn. Sie erinnerte mich immer an ein munteres Rotkehlchen, und dieses vogelhafte Aussehen wurde durch die Drishane-Haube, die vorne spitz zulief, noch verstärkt. Sie legte furchtbar viel Wert auf korrektes Benehmen und verlangte, daß wir alle kerzengerade gingen, und wenn sie in den Speisesaal kam, ging sie herum, knuffte uns leicht zwischen die Schulterblätter und zwitscherte: »Haltung, Mädchen, Haltung: Sitzt immer gerade und nicht wie Mehlsäcke.« Sie hielt viel vom Wahren der Etikette in allen Dingen, von Ordnung und Disziplin, und sie leitete ihre Schule nach den Grundsätzen guter Planung und geregelter Routine.

Ihre achtundzwanzig Schülerinnen waren in vier Gruppen unterteilt, die sich mit Kochen, Nähen, Hauswirtschaftslehre und dem Versorgen des Geflügels abwechselten; sie machte uns klar, daß dieses Jahr in jeder Hinsicht ein Jahr der Arbeit an uns selbst sein werde, in dessen Verlauf alles, so banal es auch sein mochte, gut gemacht werden sollte.

Jeden Morgen wurden wir um 7.30 Uhr von Schwester Ita geweckt, die klatschend durch den Schlafsaal ging, in dem wir in mit Vorhängen abgetrennten Abteilen schliefen; dann stimmte sie »Benedicamus Domino« an, worauf wir alle »Deo Gratias« antworten und aus dem Bett springen sollten. Das war die Theorie; in Wirklichkeit aber stöhnten und klagten die meisten von uns und fühlten sich nicht im mindesten danach, Dank zu sagen.

Ich blieb, solange es irgend ging, liegen, aber Schwester Ita ging immer unerbittlich auf und ab, bis sie uns alle aus den Betten gescheucht hatte. Neben jedem Bett stand ein kleiner Waschtisch mit einem Steingutbecken und einem Krug voll kaltem Wasser. Damit wuschen wir uns – zuerst die obere Hälfte von oben nach unten, dann die untere Hälfte von unten nach oben.

Wir trampelten über die polierten hölzernen Flure und die breite Treppe hinunter – wobei wir jede Woche auf einer anderen Seite gingen, um den Verschleiß gleichmäßig zu halten – und liefen hinaus in die graue Dämmerung.

Im Winter glitzerte das alte Schloß, das neben dem Weg durch den Park stand, morgens vor Reif, und Licht strömte durch die bunten Fensterscheiben der kleinen Kapelle. Wenn in unseren Köpfen noch eine Spur Schlaf übriggeblieben war, verscheuchte die eisige Luft des frühen Morgens sie bald, und wenn wir die hölzerne Wendeltreppe zur Kapelle hinaufgestiegen waren, war unser Geist so hellwach und aufnahmebereit, wie er nur sein konnte.

Als der Frühling kam, war dieser Frühmorgenspaziergang ein wunderbarer Beginn des Tages. Der Nebel stieg auf vom See hinter dem Rasen, der links vom Weg schräg abfiel, und der Tau glitzerte auf den herabhängenden Zweigen der Bäume, die den See umgaben.

Ein Teil des Geländes um Drishane war als Park angelegt, doch das alte Schloß und die verborgenen Winkel um die grauen Steinbauten bewahrten es davor, eintönig zu wirken. Die Gärten und Rasenflächen erstreckten sich bis zu den Sportplätzen und den stillen Feldern der Klosteräcker, so weit das Auge sehen konnte. Es war ein schöner, friedlicher Ort, und ich verbrachte dort ein abwechslungsreiches und interessantes Jahr in einer himmlisch ruhigen Umgebung. Wir lernten alle Einzelheiten der Kochkunst, der Haushaltsführung und der Näherei, und obwohl ich nicht von Natur aus für Hausarbeit begabt war, lernte ich, daß mit guter Planung und Organisation diese lästige Arbeit auf ein Minimum reduziert werden konnte.

In der Wäscherei wurden die Tischtücher und Servietten aus Leinen nach einem genauen Zeremoniell gebügelt. Als es darum ging, wie man ein Männerhemd zu bügeln hatte, äußerte ich heftige Vorbehalte, aber Schwester Ita fegte sie einfach vom Tisch.

Die Wäscherei war ein großer, gefliester Raum mit großen, irdenen Waschbecken vor den Wänden, und es gab eine riesige, alte, eiserne, ausziehbare Wäschespinne, die in den Wintermonaten benutzt wurde. Vom Fenster der Wäscherei aus konnte man den Obstgarten sehen, wo im Sommer die Kleider auf der Leine zwischen den Apfelbäumen flatterten.

Während eine Gruppe in der Wäscherei beschäftigt war, bereitete eine andere das Mittagessen in der Küche, einem großen, luftigen Raum mit einem roten Fußboden aus unglasierten Fliesen und mit hohen Fenstern, die einen Blick auf die Auffahrt, die in einer weiten Kurve verlief, die Sportplätze und Felder boten. Die Küche wurde von einem gewaltigen Aga-Herd beherrscht. Es war meine erste Begegnung mit einem Aga, und ich beschloß, daß, falls ich jemals mein Leben in einer Küche fristen müßte, ein Aga-Herd mein Arbeitsgefährte sein sollte. Er war groß, geräumig, gemütlich und nachsichtig, fast wie eine fürsorgliche Großmutter, die in der Ecke saß. Er hatte eine große Kochplatte, auf der etliche Töpfe Platz fanden, eine ebenso große Warmhalteplatte, außerdem heiße Backröhren und solche, die mildere Wärme lieferten.

Neben der Küche war ein langgezogener Anrichteraum mit einem Maschendrahtfenster und langen Holzschränken mit Glastüren. Auf einem Tisch unter dem Fenster machten wir Butterröllchen für den Nachmittagstee. Wenn die Kochgruppe tüchtig war, aßen wir gut, und wenn nicht, hatten wir unter den Folgen zu leiden – als unsere eigenen Kritikerinnen waren wir ziemlich effektiv. Der Test einer guten Köchin sei, erklärte uns Schwester Benignus, eine Küchenkatastrophe verwinden zu können und das Gericht auf dem Speisezimmertisch als einen Triumph zu präsentieren. Das war leichter gesagt als getan, und wir aßen etliche Küchenkatastrophen, die deutlich als solche erkennbar waren, doch im Laufe des Jahres wurden sie immer seltener.

Die Gruppe »oben im Haus« lernte alles über das Bohnern und Polieren und war dafür verantwortlich, das Haus blitzsauber zu halten. Wir machten unsere eigene Politur – je zwei Tassen Terpentin und gekochtes Öl und je eine Tasse Spiritus und Essig –, mit der die Möbel sowohl gepflegt als auch poliert wurden. Zu den Fähigkeiten, die wir erlernten, gehörte auch, wie man einen Koffer geschickt packt und einem VIP-Gast ein Mahl servierte. Und während sie uns unterwiesen, waren die Nonnen immer freundlich und gutgelaunt, wobei sie uns wissen ließen, daß man sich, wenn man die Füße unter den Tisch anderer Leute stellte, auch nach diesen richten sollte.

In einem anderen, viel größeren Teil der Schule waren Schülerinnen, die fünf Jahre lang blieben, mit Zwischen- und Abschlußprüfungen beschäftigt, doch wir hatten wunderbarerweise nichts mit Prüfungen zu tun. Während die anderen büffelten, gaben wir zum

Schuljahresabschluß ein Konzert und führten ein Theaterstück auf – eine humorvolle Darstellung des Lebens im Kloster, worüber die Nonnen ebenso herzhaft wie alle anderen lachten. Da ich das Stückchen geschrieben und einstudiert hatte, wurde ich mit einem Preis für meine erste Leistung in den dramatischen Künsten belohnt. Die Preise wurden von der Schwester, die für die Förderung unserer geistigen und kreativen Entwicklung verantwortlich war, überreicht. Sie hieß Schwester Eithne, war eine sehr empfindsame, fromme Nonne und besaß einen schrulligen, trocknen Humor, und mir überreichte sie feierlich einen Waschlappen und eine Schachtel Seife als Preis.

Mit mir in Drishane war Ann, eine Mitschülerin in der alten Steinschule inmitten der Felder und später in der weiterführenden Schule im Städtchen. Eines Abends, bevor sie zum Abendgebet in die Kapelle ging, beschloß sie, ihr langes Haar zusammenzudrehen und oben um ihren Kopf zu schlingen. Sie hatte nicht vorausgesehen, wie komisch das aussehen würde, wenn ihr Schulkäppi darauf saß; doch die Prozedur hatte länger als erwartet gedauert, und es war keine Zeit mehr, ihr Haar wieder aufzumachen, weil wir ohnehin schon spät dran waren. Wir rannten atemlos den Pfad hinunter und die lange Wendeltreppe zur Kapelle hinauf. Beim Laufen bekam ich jedesmal einen Lachkrampf, wenn ich die Kreation auf Anns Kopf sah, und dann huschten wir endlich auf unsere Plätze, genau in dem Augenblick, als die Mutter Oberin mit dem Rosenkranz begann.

Ich kniete neben Ann und gab mir große Mühe, den Drang zum Kichern zu unterdrücken, doch während es mir bis zu einem gewissen Grad gelang, konnten sich die Mädchen auf den Plätzen hinter mir überhaupt nicht beherrschen. Erstickte Lachsalven ertönten in den Reihen hinter uns, und als die vor uns das hörten, sahen sie sich um und erblickten die wundersame Frisur mit dem Schulkäppi, das so bedenklich schief darauf saß, daß auch sie sich vor Lachen schüttelten. Nichts bringt einen so sehr zum Lachen wie das Wissen, daß man es eigentlich nicht soll, besonders, wenn alle anderen auch versuchen, damit aufzuhören. Selbst der ernüchternde Gedanke, daß hinter uns Reihen von andächtig betenden Nonnen sitzen, trug nicht dazu bei, die Lage unter Kontrolle zu bekommen.

Es war eine große Erlösung, als das Abendgebet beendet war und wir aus der Kapelle flüchten konnten, doch wir mußten noch den Ausgang erreichen, vorbei an Reihen von Nonnen – mit heiteren Gesichtern. Als ich an der letzten Reihe vorbeiging, warf ich einen kurzen Blick auf die Oberin; sie bemerkte das und lächelte mir wissend zu, und der Zwischenfall wurde nie mehr erwähnt.

Junge Novizen traten im Oktober und März in den Drishane-Orden ein, und als ich diese schwarzgekleideten Gestalten in der Kapelle sah, war ich von ihrem Mut beeindruckt. Natürlich stellten einige fest, daß das Ordensleben nicht das Richtige für sie war, und gingen wieder, aber von denen, die blieben, beeindruckte mich

Schwester Gemma am allermeisten. Sie war ein hübsches Mädchen, sprudelte über vor guter Laune und Fröhlichkeit, und selbst wenn sie ging, schien sie mit ihrem fliegenden Schleier und ihrem langen, schwarzen, wehenden Gewand über den Boden zu schweben, fast so, als hätte die Erde kein Anrecht auf sie.

Einige Jahre später, als sie noch ziemlich jung war, starb sie an Krebs, doch bei ihrer Beerdigung empfand ich keine Trauer, weil sie sicherlich dorthin gegangen war, wo all ihre Gedanken und Bestrebungen ihren Ursprung hatten.

Mein Jahr in der Klosterschule war meine erste Erfahrung mit Nonnen, und fasziniert beobachtete ich ihr Leben. In vielerlei Hinsicht fand ich es interessant und reizvoll, doch ich war über ihre mangelnde persönliche Freiheit bestürzt. Die Tatsache, daß so viele Frauen offenbar harmonisch zusammen unter einem Dach lebten, imponierte mir als Zeichen ihrer Selbstdisziplin und Toleranz, und obwohl es gewiß vorübergehende Reibereien zwischen ihnen gegeben haben muß, bekamen wir nie etwas davon mit. Ihre Gemeinschaft war im religiösen Eifer vereint und durch die Liebe zu Gott und durch das Interesse für ihre Schülerinnen zusammengeschweißt.

Die Hauswirtschaftsschule ist nun seit vielen Jahren geschlossen, doch obwohl ich meiner Mutter gegenüber behauptet hatte, ein Jahr dort sei Zeitverschwendung, bin ich seitdem immer froh gewesen, daß sie sich bei dieser Diskussion gegen mich durchgesetzt hat.

Zurück durch die Felder

Danny sah die Welt mit Augen, die die Schönheiten der Natur wahrnahmen, an denen wir beim Spielen meist einfach vorbeiliefen. Weil er nicht so robust wie andere Kinder war, ging er langsamer, und oft rief er uns zurück, um uns zu zeigen, was er entdeckt hatte.

Unsere Schule war gemischt, und Mädchen und Jungen behandelten sich als ebenbürtig, und wenn eine Rauferei ausbrach, traten wir Mädchen unseren Gegnern in die Schienbeine und zogen ihnen an den Haaren, um uns durchzusetzen. Im Klassenzimmer tauchten die Jungen unsere langen Haare in die Tintenfässer, die in die Pulte eingelassen waren, und benutzten die Spitzen ihrer Federn, um deren Gift in unsere bloßen Nacken und Ellbogen zu injizieren, wann immer sich die Gelegenheit bot. Während Danny zwar in der Mittagspause mit den anderen Jungen Fußball spielte, beteiligte er sich nie an dem üblen Tintentauchen und Federpieksen, dem Zeitvertreib der anderen. Wer vor ihm saß, hatte keinen Angriff von hinten zu befürchten, denn Danny war zu sanft, um irgendwem etwas Schlechtes anzutun.

Durch ihn lernte ich zum ersten Mal ein Telefon kennen. Es war ein Stein. Wenn er morgens früher als ich den Weg zur Schule ging, legte er einen Stein oben auf die alte Brücke. Bald hatten die Kinder jeder Famile ihren eigenen Stein, und wenn wir morgens zur Brücke kamen, konnten wir an den Steinen ablesen, wer uns vorausgegangen war; wenn es noch sehr früh war und wir genug Zeit hatten, setzten wir uns auf die Brücke und warteten auf die anderen.

Unsere Schultaschen, die aus einem kräftigen grünen Stoff gemacht waren, nannten wir »Mappen«, und sie mußten auch robust sein, weil sie bei Begegnungen mit Hecken und schlammigen Durchlässen lädiert und schmutzig wurden. Manche hatten zwei Riemen für die Arme, so daß man sie auf dem Rücken tragen konnte. Dannys Mappe jedoch baumelte an einer langen Schnur um seinen Hals und schlug gegen seine knochigen Knie. Er hatte immer mehr in der Tasche als wir, weil er sie nie ausräumte, sondern einfach seine Bücher von Jahr zu Jahr mehr werden ließ.

Alle Kinder, die auf unsere Schule gingen, hatten braune und meist schmutzige Hände – alle außer Danny; seine Hände waren blaß, mit blauen Adern und langen, spitz zulaufenden, feinfühligen Fingern. Und auf diese Finger setzten sich Vögel ganz ohne Scheu, wenn er seine zarten Hände zu ihnen ausstreckte. Wir sahen ihm von weitem zu, denn wenn wir uns näherten, bekamen die Vögel Angst und flogen weg. Seine Beziehung zu Vögeln hob Danny für mich auf eine höhere Stufe als uns, doch er hielt sich deshalb nicht für etwas Besseres, sondern wunderte sich einfach, daß wir nicht auch tun konnten, was für ihn so selbstverständlich war.

Er verbrachte einen Großteil des Tages damit, zum Himmel hinaufzusehen und die Wolken zu betrachten, und er konnte die verschiedenen Wolkenformationen benennen. An Sommerabenden überredete er uns manchmal alle, uns ins Gras zu legen und mit ihm gemeinsam zum Himmel hinaufzublicken, und wenn wir das taten, wurden wir uns seltsamerweise der Erde unter unseren Füßen bewußt. Hier im Gras waren Marienkäfer, Grashüpfer und Ameisen und all das wimmelnde Insektenleben, über das wir normalerweise achtlos hinweggingen. Meine Schwester Clare zog lange Grashalme aus der Wiese und behauptete, daß sie damit Musik machen könne, und manchmal gelang ihr das sogar, wenn auch ihr Publikum dies nicht immer ganz zu schätzen wußte. Wir pflückten die langstieligen Pusteblumen und pusteten ihre weichen, flaumigen Samen weg, um die Uhrzeit zu bestimmen: ein Uhr, zwei Uhr – jedes Pusten eine Stunde. Nicht so genau wie Mittlere Zeit Greenwich, aber amüsanter. Wenn ein hoher Fingerhut mit seinen kaskadenartigen lila Blüten in unserer Nähe wuchs, ließen wir in einem festen Ritual die Glocken oder »Feenfingerhüte«, wie wir sie nannten, zerplatzen, nachdem wir uns vergewissert hatten, daß gerade keine Wespen zu Besuch waren. Wir benutzten auch etliche arme Blumen – meistens Margariten oder große Gänseblümchen – für das Spiel »Er liebt mich, er liebt mich nicht«.

Danny vermittelte uns etwas von seiner Wahrnehmung und Bewunderung des Lebens. Er, der das Leben aus seinen sanften braunen Augen betrachtete, sah mehr als wir und verlockte uns, es so zu sehen wie er.

Wenn er sich mit dem Schulstoff beschäftigte, war er der Klassenbeste, aber er maß dem Lernen keine große Bedeutung in seinem Leben bei, und manchmal kam er morgens in die Schule und hatte seine Tasche nicht geöffnet, seit er am vorherigen Nachmittag nach Hause gegangen war. Wenn zu befürchten war, daß ein Lehrer uns schikanieren würde, setzte sich Danny auf einen Stein im letzten Feld vor der Schule und erledigte in Windeseile seine Hausaufgaben.

Er hatte eine Nase, die im Sommer wie die Bäche auf den Hügeln austrocknete, aber im Winter diente sein Pulloverärmel ständig als Nottaschentuch. Papiertaschentücher waren natürlich unbekannt, und die zerrissenen Laken, die wir als Taschentücher benutzen sollten, endeten oft als Segel für Boote im Bach oder wurden für andere wichtigere Zwecke verwendet.

Dannys Haare hatten ihren eigenen Willen und standen in alle Richtungen ab. Seine Mutter sagte oft lachend, man brauche einen Schrubber, um die Haare jeden Morgen zu bändigen, aber bald sähen sie doch wieder wie ein Ginsterbusch aus.

Nach seinem Schulabschluß blieb er auf dem heimatlichen Hof, und als seine Eltern gestorben waren, lebte er zufrieden als Junggeselle.

Viele Jahre später, an einem kalten, verschneiten Januartag, wollte ich ihn besuchen; er war nicht zu Hause, aber ich stöberte ihn schließlich auf dem Feld eines Nachbarn auf, wo er von Kindern aus der Nachbarschaft umringt war. Die Jahre hatten seine widerspenstigen Haare ein wenig grau gefärbt, doch seine braunen Augen hatten noch denselben vertrauensvollen, fröhlichen Ausdruck.

Als wir zusammen zu seinem Haus hinuntergingen, sagte ich ihm, daß ich zurück über die Felder zur alten Schule gehen wolle, und bat ihn, mich zu begleiten. Ich merkte, daß er befürchtete, der Weg könne zu anstrengend für ihn sein, aber wie immer war sein Geist willig, und so machten wir uns auf, zum ersten Mal, seit wir zusammen zur Schule gegangen waren, wieder den alten Weg zu gehen.

Die Wege waren jetzt überwuchert, und die Hecken waren über die Trittsteine gewachsen, die als Brücken über die Gräben dienten, doch wir bahnten uns einen Weg, während der Schnee von den hohen Zweigen auf uns herabfiel.

Als wir an der alten Schule ankamen, stellten wir fest, daß die Bäume in das Gebäude hineingewachsen waren und das Gras bis zu den Fensterbänken reichte. Die Schule stand geborgen in den Armen der Natur, die sie nun als einen Teil von ihr ansah, und Efeu rankte durch die gähnenden Fensterhöhlen. Wo man einst das Lachen und Rufen der Kinder gehört hatte, war jetzt das Krächzen der Krähen in den Baumwipfeln der einzige Laut. Die Schule war von einem Frieden erfüllt, als ob die Jahre des Lernens in die Wände eingegangen wären, und die grauen Steine wurden nun von den herabhängenden Zweigen beschirmt.

Wir gingen um die Schule herum, um uns die alten Klohäuschen anzusehen: Sie waren ganz verfallen, und wir lachten, als wir an die Bitte »Darf ich mal austreten?« denken mußten. Wir lehnten uns über das rostige Tor neben der Schule und blickten zurück auf das Tal, und Danny sah zum Himmel hinauf und begann von den Wolken zu sprechen, und es war, als sei die Zeit stehengeblieben.

Als wir Dannys strohgedecktes Cottage erreichten, hatte es wieder angefangen zu schneien, und wir waren froh, das Feuer schüren und Tee machen zu können. Ich setzte mich neben den Kamin und betrachtete Dannys große Küche, die von der Freiheit des Junggesellenlebens zeugte; keine »pingelige Frau« störte den geruhsamen Lauf seines Lebens. Er hatte Baupläne für ein neues Haus, die er auf dem Tisch ausbreitete, und wir studierten sie. Das neue Haus sollte Annehmlichkeiten haben, die es in dem alten nicht gab, unter anderem eine Zentralheizung, aber ich fragte mich, ob es Danny nicht schwerfallen werde, sein altes Haus zu verlassen. Er führte mich in ein Zimmer neben der Küche, um mir ein herrliches Ölgemälde und eine große Mahagonikommode zu zeigen, die der Traum eines jeden Sammlers gewesen wären. Wir redeten über seine Liebe zu Vögeln, und ich versprach ihm, für sein neues Haus ein Bild mit Fasanen zu malen.

Als ich über den langgezogenen Hof fortging, wandte ich mich um, um Danny zuzuwinken, der in der Tür seines langen, niedrigen, strohgedeckten Cottage stand. Mit dem Schnee auf dem Dach und dem Licht, das aus dem tief in die Mauer gesenkten Fenster in die

Nacht hinausschien, sah es aus wie ein Motiv auf einer Weihnachtskarte.

Ich ging nach Hause durch die Felder, und Erinnerungen schwirrten mir im Kopf herum. Der Mond stand hoch am Himmel, und die schneebedeckte Landschaft erstreckte sich vor mir, während das gefrorene Gras unter meinen Füßen knirschte. Als ich das Licht unseres eigenen Hauses sah, verlangsamte ich meine Schritte, weil ich nur schweren Herzens die Stille der Natur, die mich umgab, zurückließ.

Im folgenden Sommer malte ich ein Bild für Dannys neues Haus, aber es sollte nie dort hängen. Eines Tages im Frühherbst kam ein Anruf, daß er gestorben war, ganz friedlich, so wie er gelebt hatte.

Bei seiner Beerdigung traf ich viele unserer alten Schulfreunde, und wir alle empfanden ein Gefühl der Verwundbarkeit, weil er der erste aus unserer Klasse war, der uns verlassen hatte. Einigen von ihnen war ich nicht mehr begegnet, seit wir das alte Schulhaus inmitten der Felder hinter uns gelassen hatten, und so wurden bei einem Anlaß, der Freude und Trauer miteinander verband, viele Erinnerungen wieder zum Leben erweckt.

Als ich an dem Abend an Dannys stillem Cottage vorbei nach Hause fuhr, hielt ich an und stieg aus, um mich über sein rostiges Gatter zu lehnen, und ich war froh, daß er nie sein altes Haus verlassen hatte, denn irgendwie gehörte er dorthin, und dort würde seine Seele immer ihren Frieden haben.

Alice Taylor
Zur Schule durch die Felder
Eine irische Kindheit

Alice Taylors Bericht über ihre Kindheit in dem Nest Lisnasheago am Darigle-Fluß im Südwesten Irlands hat ihr große Anerkennung zuteil werden lassen. »Zur Schule durch die Felder« wurde schnell zum bestverkauften Buch, das jemals in Irland erschienen ist.

»Frei wie die Vögel wuchsen wir auf«, schreibt Alice Taylor, »in einer einfachen Welt, unberührt von äußeren Einflüssen, in einer Zeit, als man noch Kind sein konnte, das Leben noch gemächlicher vonstatten ging.«

Alice Taylor beschreibt das Leben auf der Farm, die Erlebnisse in der Schule, die großen Ereignisse des Jahres wie das Dreschen des Getreides, das Schlachten der Schweine, den Urlaub in Ballybunion oder das Weihnachtsfest: Ihr Vater, kein irischer Republikaner, lauschte der Radioansprache des britischen Königs, ihre Mutter der des Papstes. Liebevoll berichtet sie von Dan, dem Wanderarbieter, Nell, der ungeselligen Alten, dem einsamen Paul oder ihrer kämpferischen Großmutter...

»Die Erinnerungen an eine irische Kindheit vor Jahrzehnten vermitteln Alltägliches, auch Humor und Trauer, doch überall eine ungewohnte Ruhe, die Leser und Leserin in ihren Bann schlägt. Das muß das Geheimnis dieses Erfolgsbuches sein. Es ist eine Ruhe, die sogar wir heute oft entbehren. Alice Taylor schenkt sie uns wenigstens für eine kurze Weile.« (Dieter Döllken, NDR 2, Buchtip der Woche)

»Ein liebenswertes Buch, das man gern zur Hand nimmt.« (Hella Lusensky in: Der evangelische Buchberater)